컴퓨터로 배우는
재미있는 한국사

컴퓨터로 배우는 재미있는 한국사

초판 8쇄 발행_ 2020년 1월15일

지은이 웰북교재연구회 **발행인** 임종훈 **편집인** 강성재
표지·편집디자인 인투 **출력·인쇄** 동양인쇄주식회사
주소 서울시 마포구 방울내로 11길 37 프리마빌딩 3층
주문/문의전화 02-6378-0010 **팩스** 02-6378-0011 **홈페이지** http://www.wellbook.net

발행처 도서출판 웰북 ⓒ **도서출판 웰북 2018**
ISBN 979-11-954295-7-8 13000

이 책은 저작권법에 따라 보호받는 저작물이므로 무단전재와 무단 복제를 금지하며,
이 책 내용의 전부 또는 일부를 이용하려면 반드시 저작권자와 도서출판 웰북의 서면동의를 받아야 합니다.
• 잘못된 책은 바꾸어 드립니다.

Contents

- **01강** 우리가 만드는 팔만대장경 ········· 4
- **02강** 362개 돌로 만든 첨성대 ········· 10
- **03강** 비밀병기 거북선 ········· 16
- **04강** 조선의 중심지 경복궁 ········· 22
- **05강** 한산도 대첩 승리의 학익진법 ········· 28
- **06강** 전투에서 승리하는 기술 ········· 34
- **07강** 백제의 마지막 결전 황산벌 전투 ········· 40
- **08강** 해상 왕이 된 장보고 ········· 46
- **09강** 동방의 피라미드 장군총 ········· 52
- **10강** 불국사 삼층 석탑을 만든 아사달 ········· 58
- **11강** 미래의 청계천 수표교 ········· 64
- **12강** 고구려의 마지막 도읍지 평양성 ········· 70
- **13강** 세계최초로 만든 측우기 ········· 76
- **14강** 우리 나라 최초로 화약을 만든 최무선 ········· 82

이 책의 차례

- **15강** 윤봉길의사의 물통폭탄 ········· 88
- **16강** 목화 꽃이 활짝 피었습니다! ········· 94
- **17강** 한글수비대를 만나요. ········· 100
- **18강** 3.1 운동의 그날! 태극기 휘날리며 ········· 106
- **19강** 내 폴더 속 미술관 ········· 112
- **20강** 훈민정음 속 숨은 뜻 ········· 118
- **21강** 대동여지도를 찾아라. ········· 124
- **22강** 한반도의 영토를 확장한 광개토대왕 ········· 130
- **23강** 몰래 보는 난중일기 ········· 136
- **24강** 인터넷으로 배우는 한국역사 ········· 142

01 우리가 만드는 팔만대장경

학습목표
- 세계기록문화유산에 기록된 팔만대장경은 어떻게 만들어 졌는지 알아봅시다.
- 레고 디지털 디자이너를 이용하여 팔만대장경을 만들어봅시다.

월 일 타수

부처님 불교의 힘을 보여주세요.

외적을 물리칠 힘을 주세요.

타자연습

세계기록문화유산에 기록된 팔만대장경은 어떻게 만들어졌는지 알아보기 위해 타자연습에서 한국사 이야기를 연습해요.

● 연습파일 : 01강 타자연습.txt

팔만대장경은 지금으로부터 약 750여 년 전 16년간에 걸쳐 부처님의 가르침을 새겨 넣은 8만 여장의 나무판입니다. 몽골의 침입을 받던 날 청주의 흥덕사에 있는 스님들은 몽골의 침입을 불교의 힘으로 막기 위해 팔만대장경을 만들기 시작하였습니다. 국가가 위기에 처하였을 때 전 국민이 일치단결하여 부처님의 힘을 빌려 외적을 물리치겠다는 일념으로 16년의 대장정을 거쳐 이루어진 우리 민족의 자랑스러운 유산입니다. 그 정성 때문인지 그 후부터는 몽골이 침입하지 않았습니다. 2007년 6월에 세계기록문화유산에 기록되었습니다.

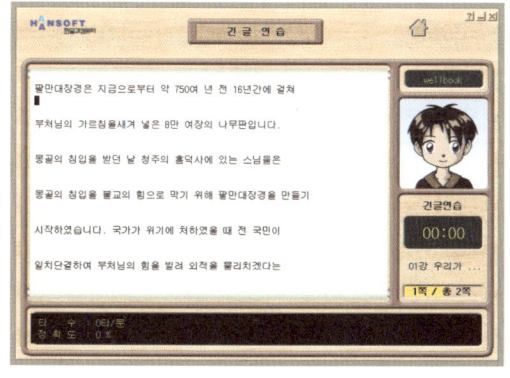

▲ 실습예제

궁금해요

해인사 대장경판 또는 팔만대장경은 국보 제32호로 경상남도 합천군 해인사에 있으며, 고려가 몽골의 침입을 불력으로 막아내고자 고종 23년 강화에서 조판에 착수하여 동왕 38년에 완성한 고려의 대장경이다. 1995년 세계기록유산에 지정되었다.

에피소드 2 레고 디지털 디자이너 확장 탭을 만나요.

자유롭게 만들고 싶은 것을 만들 수 있는 레고 디지털 디자이너를 사용하는 기능을 알아봅니다.

● 완성파일 : 01강 팔만대장경.lxf

① 레고 디지털 디자이너 확장 탭을 클릭한 후 새로 만들기 버튼을 클릭해요.

② 블럭을 만들 준비를 하기 위해 카메라 컨트롤을 이용해 화면을 확대하거나 축소해 보고 방향도 회전해요.

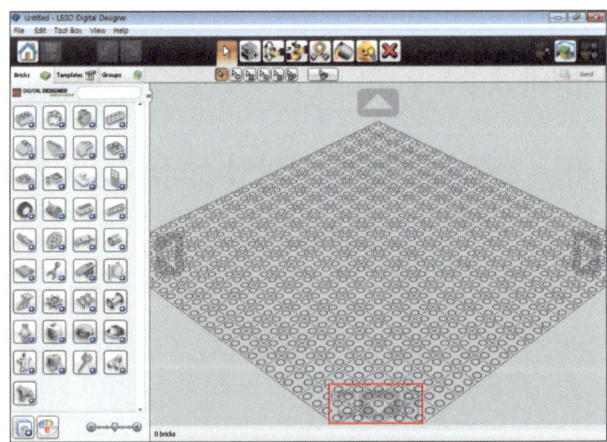

③ 카메라 컨트롤을 이용하여 그림과 같이 조립판의 방향을 바꿔요.

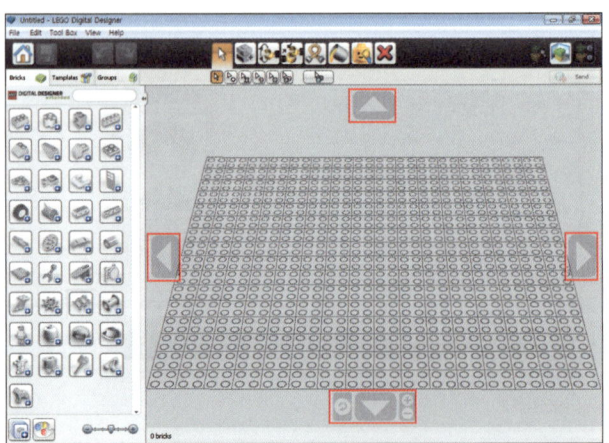

3 팔만대장경을 만들어요.

세계기록문화유산에 기록되어 있는 팔만대장경을 만들어요.

① [블록 팔레트](📁)에서 그림과 같은 블록을 찾아 '바른마음'을 만들어요.

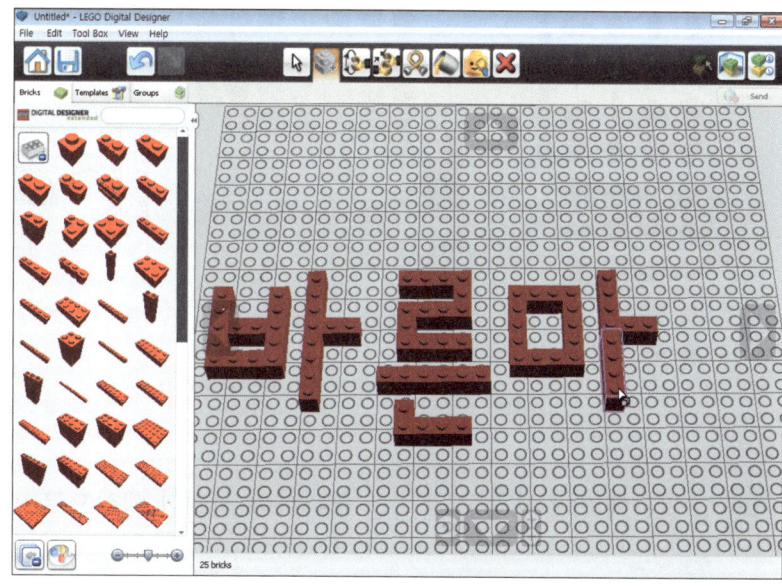

② '음'을 만들기 위해 [블록 팔레트](📁)에서 'CURVED BRICK 2 KNOBS' 블록을 찾아 동그라미를 만들어 '음'을 완성해요.

'CURVED BRICK 2 KNOBS' (🥣) 블록은 키보드의 방향키를 이용하면 방향을 바꿀 수 있어요.

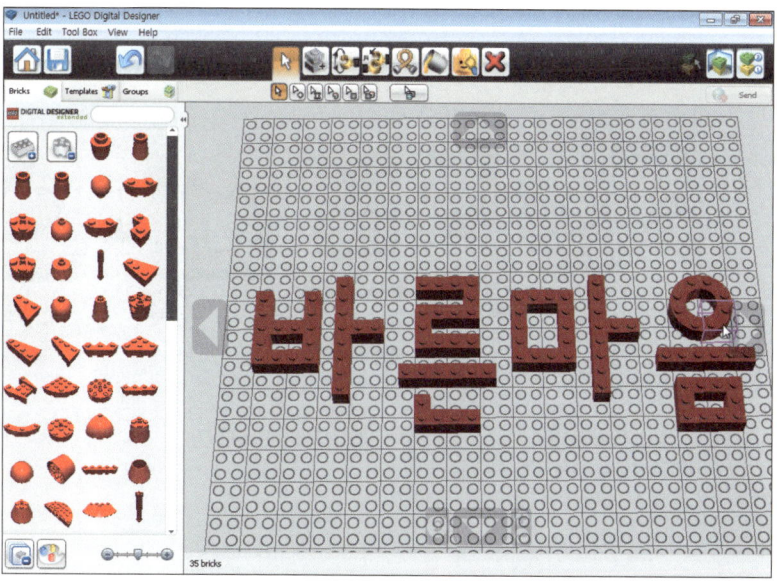

③ 글씨에 색을 바꾸기 위해 [페인트 도구]( )를 클릭한 후 [색상 팔레트]( )를 클릭하여 그림과 같이 '18-Nougat' 색상을 선택해요.

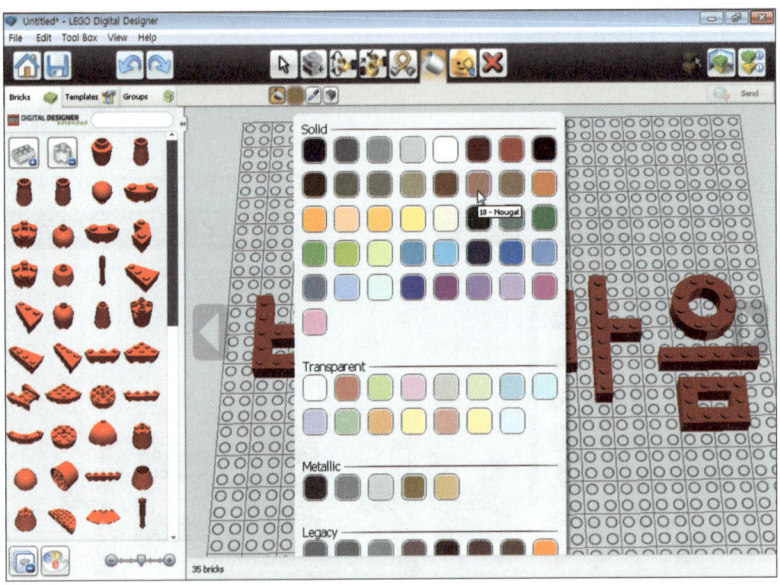

④ 조립판에 만들어 놓은 블럭을 클릭하여 선택한 색상으로 바꿔 팔만대장경을 완성해요.

혼자서 해보기

1 블럭을 이용해 그림과 같이 '우리나라'를 만들어요.

◎ 완성파일 : 1강 예제1.lxf

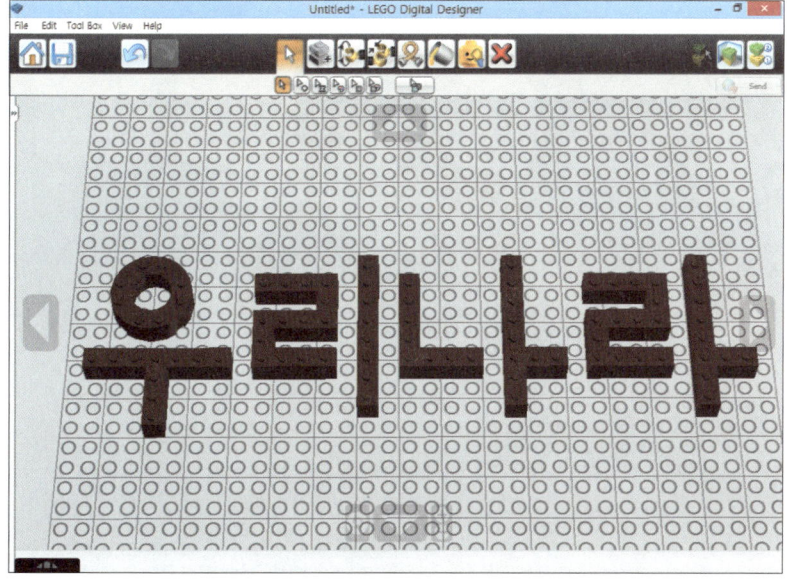

■ 블럭 팔레트 :

2 블럭을 이용해 그림과 같이 '대한민국'을 만들어요.

◎ 완성파일 : 1강 예제2.lxf

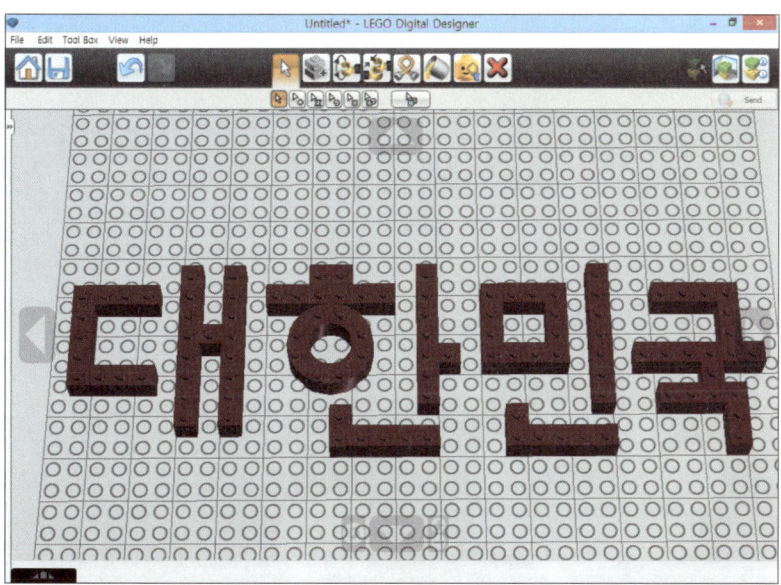

■ 블럭 팔레트 :

02 362개 돌로 만든 첨성대

학습 목표
- 동양에서 가장 오래된 첨성대를 알아봅시다.
- 우주의 움직임을 관찰할 수 있는 첨성대를 만들어봅시다.

월	일	타수

타자연습

동양에서 가장 오래된 첨성대를 알아보기 위해 타자연습에서 한국사 이야기를 연습해요.

● 연습파일 : 02강 타자연습.txt

첨성대는 우주의 움직임을 관찰하기 위해 신라 시대에 만들어진 동양에서 가장 오래된 천문대입니다. 첨성대를 만든 돌의 숫자는 362개로 음력으로 따진 1년의 날 수와 같아요. 그리고 첨성대의 몸통은 27단인데 이것은 첨성대를 쌓은 선덕여왕이 27대 왕이라는 것과 관계가 있어요. 선덕여왕이 첨성대를 만든 이유는 당시 신라의 귀족들은 선덕여왕이 왕으로 어울리지 않는다고 생각했어요. 그래서 그런 주변의 시선을 물리치고자 하늘의 변화를 읽고 예측해 자신의 권위를 세우고 백성들이 편하게 하고자 천문을 관측하는 구조물인 첨성대를 세우게 했어요.

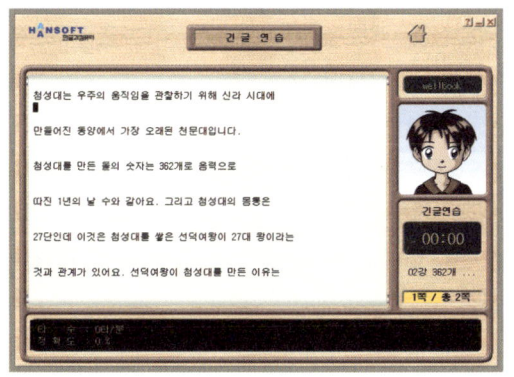

▲ 실습예제

첨성대는 경주시 반월성 동북쪽에 위치한 신라 중기의 석조 건축물로, 선덕여왕때에 세워진, 현존하는 동양 최고의 천문대로 알려져 있다. 1962년 12월 20일 국보 제31호로 지정되었다.

에피소드 2 돌을 쌓아 첨성대를 만들어요.

362개의 화강암으로 만들어진 첨성대를 만들어요.

◉ 완성파일 : 02강 첨성대.lxf

① [블럭 팔레트](🧱)에서 그림과 같은 'PLATE 8×8' 블럭을 찾아 조립판에 연결해요.

'PLATE 8×8' (🔶)

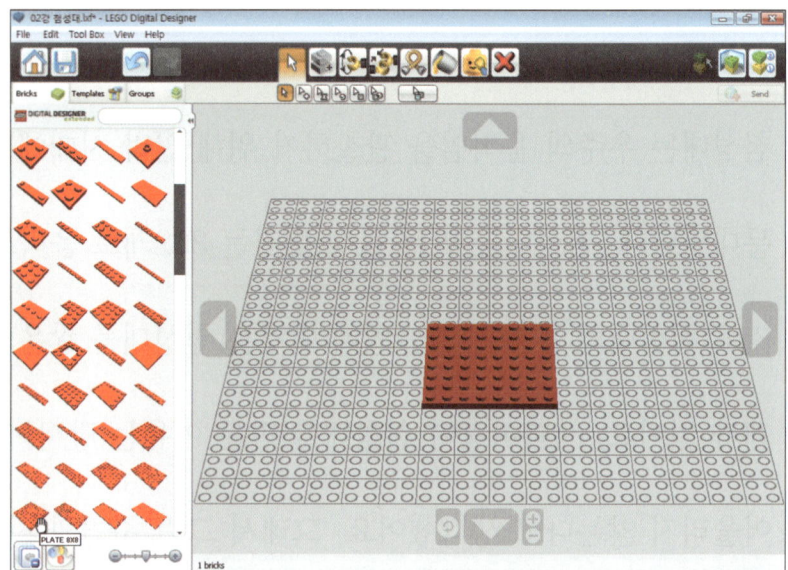

② [블럭 팔레트](🧱)에서 'PLATE 6×6 ROUND' 블럭을 찾아 그림과 같은 위치에 높게 쌓아 연결해요.

'PLATE 6×6 ROUND(🔴)'

큰 둥근 블럭을 2o개 이상 연결해 높게 쌓아요.

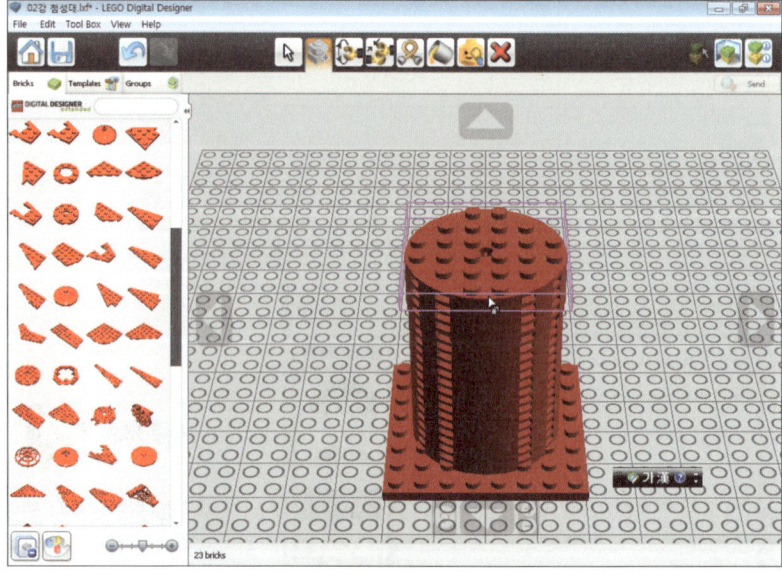

2강 | 362개 돌로 만든 첨성대

③ [블록 팔레트](🧱)에서 'PLATE 4×4 ROUND' 블록을 찾아 그림과 같은 위치에 낮게 쌓아 연결해요.

작은 둥근 블록을 6개 이상 연결하여 낮게 쌓아요.

'PLATE 4×4 ROUND(🔴)'

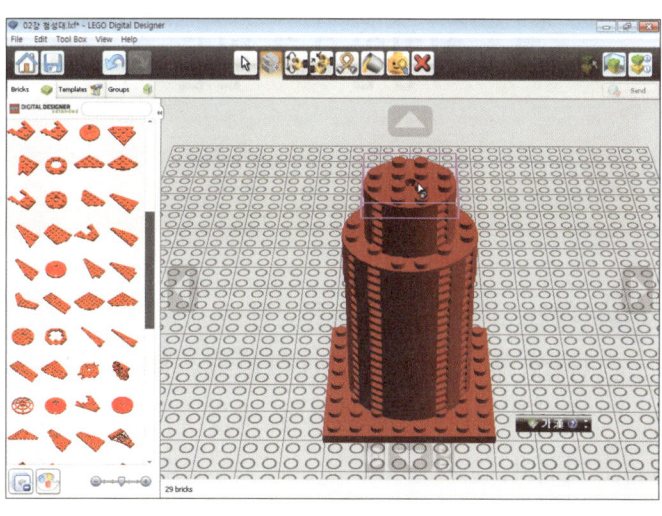

④ [블록 팔레트](🧱)에서 'ROCKET STEP 4×4×2' 블록을 찾아 만들어 놓은 블록 위에 연결해요.

'ROCKET STEP 4×4×2'(🔴)

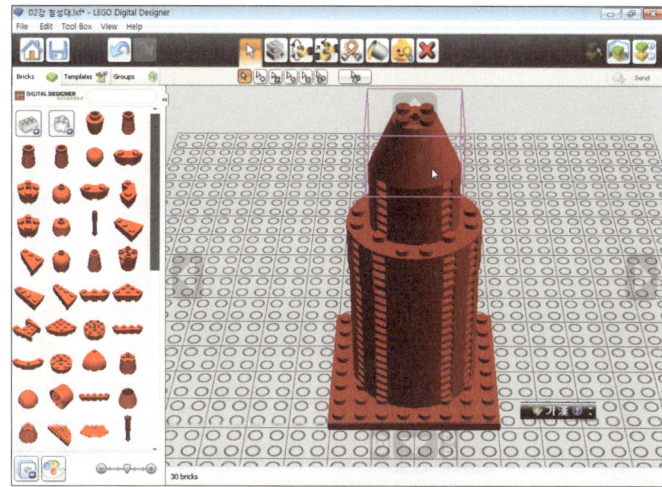

⑤ [블록 팔레트](🧱)에서 그림과 같은 'PLATE 6×6' 블록을 찾아 연결하여 첨성대를 완성해요.

'PLATE 6×6'(🔴)

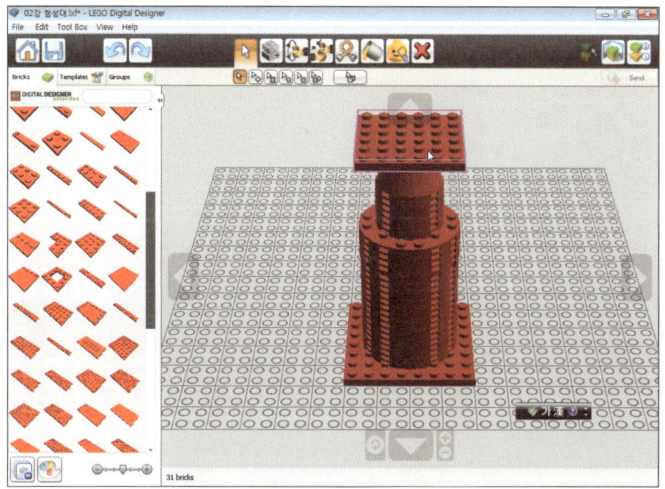

3 화강암으로 만든 첨성대를 멋지게 꾸며요.

빨강색 블럭으로 완성된 첨성대를 돌로 만든 느낌으로 색상을 표현해요.

① [페인트] 도구( )를 클릭한 후 [색상 팔레트]에서 '208'( ) 색상을 선택하여 블럭의 색을 바꿔요.

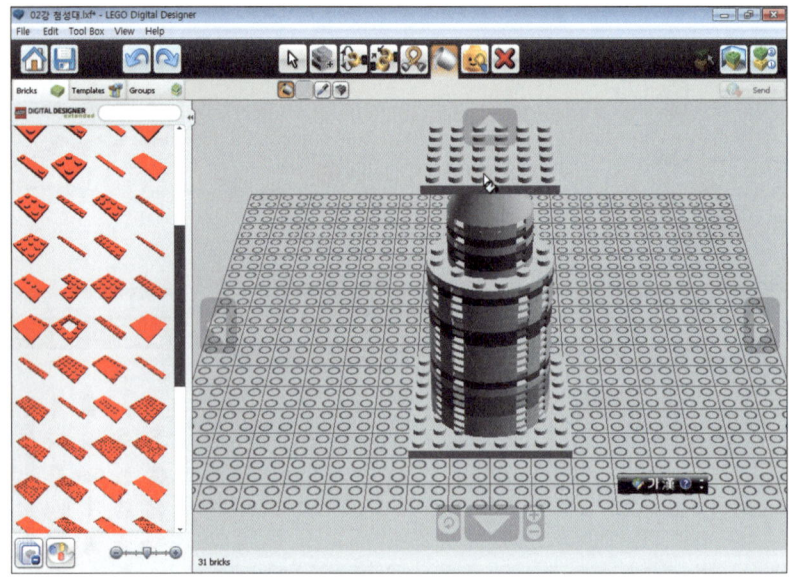

② 첨성대가 완성되면 [블럭 팔레트]에서(,) 블럭을 찾아 그림과 같이 꾸며요.

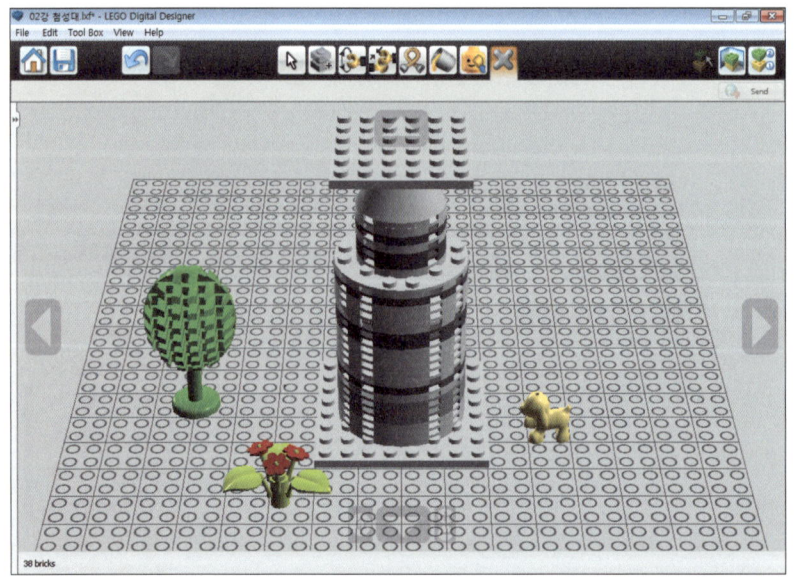

혼자서 해보기

1 블록을 연결해 그림과 같은 천문대를 만들어요.　　◎ 완성파일 : 2강 예제1.lxf

■ 블록 팔레트 :

2 블록을 찾아 그림과 같이 계단이 있는 천문대를 만들어요.　　◎ 완성파일 : 2강 예제2.lxf

■ 블록 팔레트 :

에피소드 1 타자연습

세계 최초의 철갑선이라 불리는 거북선을 알아보기 위해 타자연습에서 한국사 이야기를 연습해요.

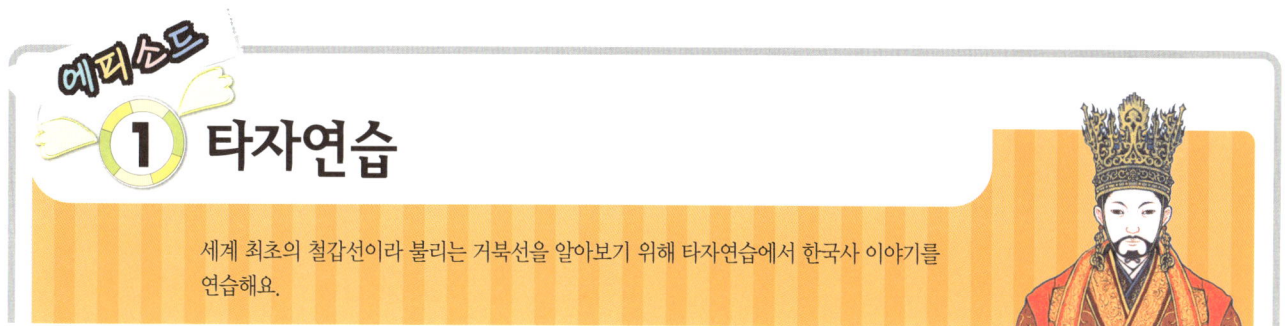

● 연습파일 : 03강 타자연습.txt

거북선은 임진왜란이 일어나기 전에 이순신 장군의 설계로 만들어진 세계 최초의 철갑선입니다. 임진왜란 때 이순신 장군이 왜군을 무찌르는 데 성공할 수 있던 가장 큰 이유는 거북선이에요. 이 거북선은 바다에서의 전투력을 생각하여 배 앞의 용머리를 만들어 붙였고 용 입에서는 대포를 쏘았어요. 등에는 창검과 송곳을 꽂아 적이 오르지 못하게 하였고, 앞머리와 옆구리 사방에는 대포를 설치했어요. 사천 해전에서 출전하여 왜군을 무찌르는 데 성공했어요. 이 때문에 임진왜란 이후 일본군에게 공포의 대명사가 되었어요. 적군에게는 거북선이 상상의 동물이라고도 불렸다는 이야기도 전해지고 있어요.

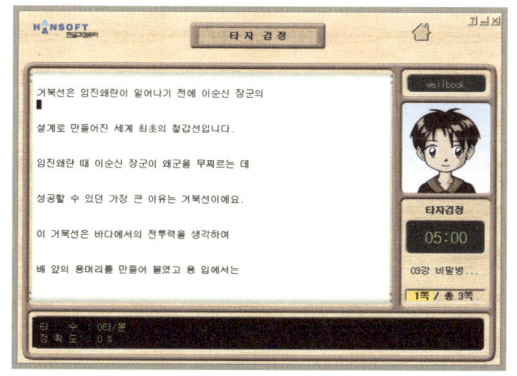

▲ 실습예제

 궁금해요

거북선은 고려, 조선 시대의 군함이다. 조선 수군의 지휘관 이순신이 임진왜란 직전에 건조하여 임진왜란 중 사천 해전에서 첫 출전한 이래 일본 수군에게는 공포의 대명사가 되었다.

에피소드 2 멋지고 튼튼한 거북선을 만들어요.

거북선을 타고 바다로 나가 왜적과 싸워 이길 수 있는 천하무적 철갑선을 만들어요.

◉ 완성파일 : 03강 거북선.lxf

① [블럭 팔레트]( )에서 그림과 같은 'BOTTOM 6×6×1' 블럭을 찾아 똑같은 모양의 블럭을 그림과 같이 나란히 연결해요.

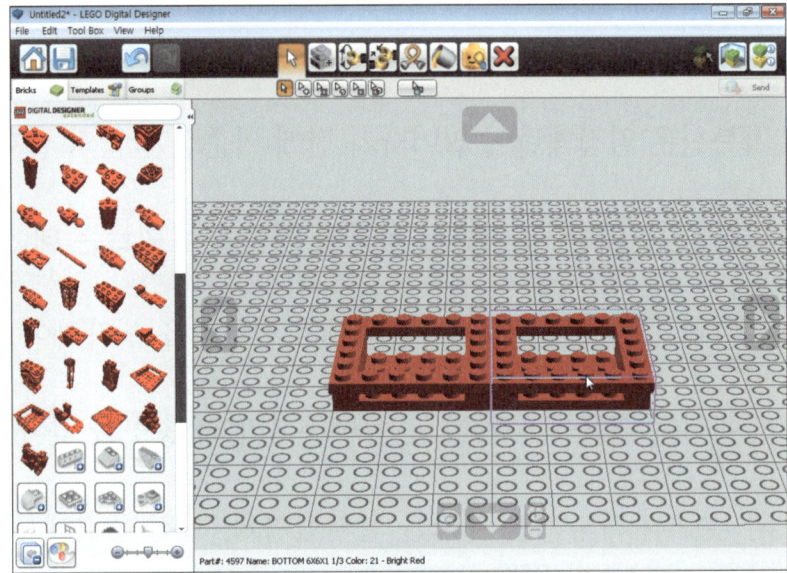

'BOTTOM 6×6×1' ( )
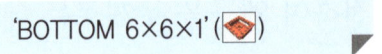

② 연결해 놓은 블럭 위에 [블럭 팔레트]( )에서 'ROOF TILE 1×4×1' 블럭을 찾아 거북선 옆 부분을 양쪽으로 연결한 후 'ROOF TILE 2×4×1' 블럭을 찾아 거북선 뒷부분을 연결해요.

카메라 컨트롤을 이용해 방향을 회전시켜 연결해요.

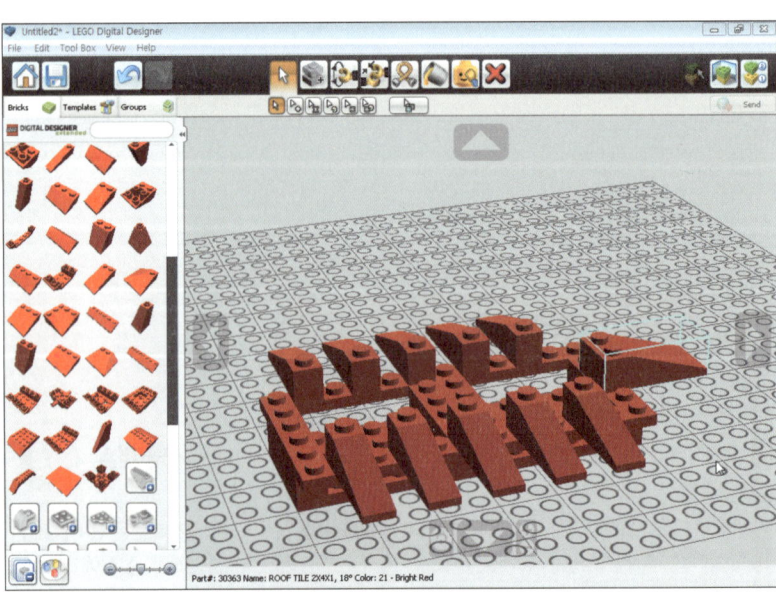

'ROOF TILE 1×4×1' ( ), 'ROOF TILE 2×4×1' ( )

3 대포가 나오는 거북선을 만들어요.

적군을 물리치는 비밀무기는 바로 거북선에 있는 용머리 부분이에요. 용머리에서 대포가 나오는 장면을 상상하면서 만들어요.

① 거북선의 등을 만들기 위해 [블럭 팔레트](　)에서 그림과 같은 다양한 모양의 블럭을 찾아 연결해요.

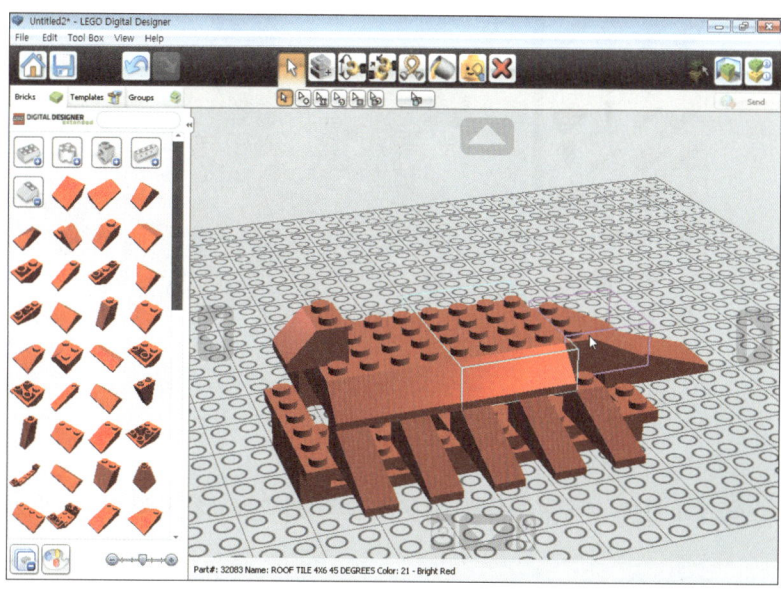

② [블럭 팔레트](　)에서 'CREA-TURE BODY NO.1' 블럭을 찾아 그림과 같은 위치에 연결해요.

'CREATURE BODY NO.1'(　)

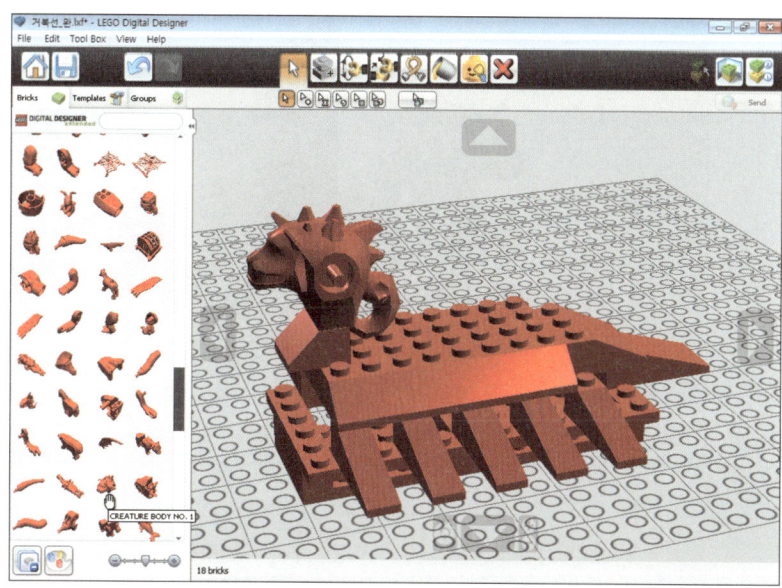

19

③ 바닷바람을 막아주는 펄럭이는 돛을 만들기 위해 [블럭 팔레트]( )에서 'PALISADE 1×4' 블럭을 찾아 쌓아올려 연결해요.

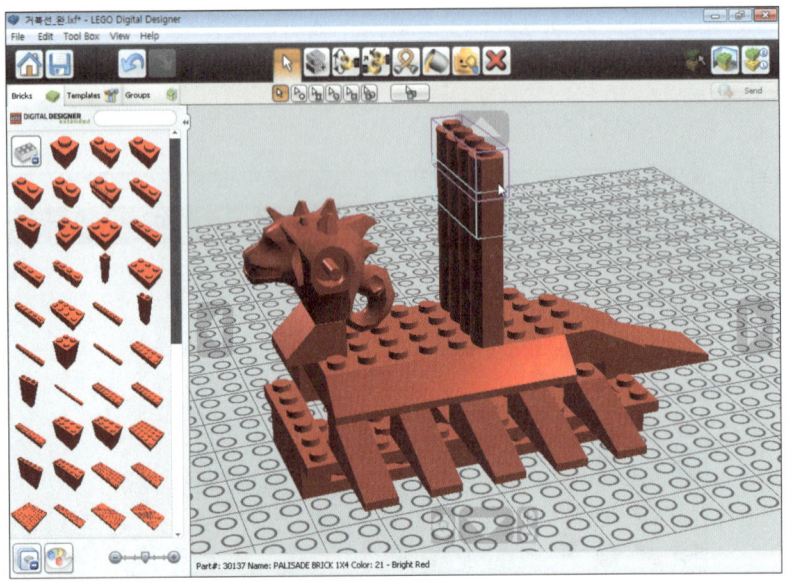

'PALISADE 1×4' ( )

④ [페인트 도구]( )를 이용해 그림과 같이 천하무적 함대 거북선을 색칠해요.

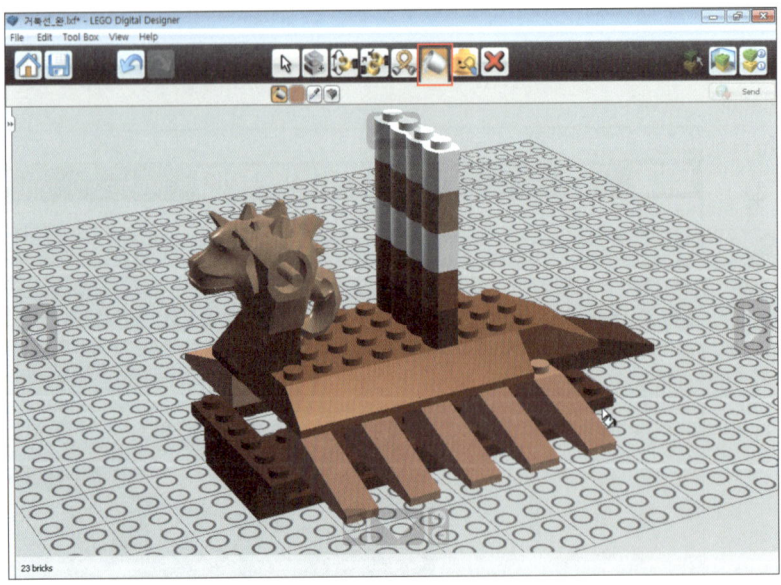

① 블록을 이용해 그림과 같이 바다를 가르며 달리는 무적함대를 만들어요.　　◎ 완성파일 : 3강 예제1.lxf

■ 블록 팔레트 :

② 블록을 이용해 그림과 같이 깃발을 펄럭이며 바다를 달리는 무적함대를 만들어요.　◎ 완성파일 : 3강 예제2.lxf

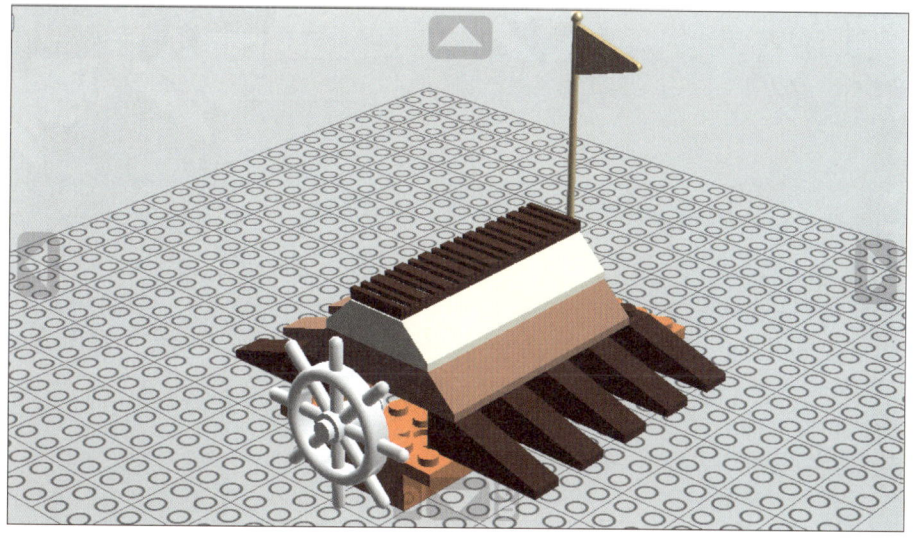

■ 블록 팔레트 :

04 조선의 중심지 경복궁

학습 목표
- 임금님이 조선을 세우고 바로 만든 궁궐은 어떤 곳인지 알아봅니다.
- 조선의 중심지 경복궁을 만들어봅니다.

| 월 | 일 | 타수 |

1 타자연습

임금님이 조선을 세우고 바로 만든 궁궐은 어떤 곳인지 알아보기 위해 타자연습에서 한국사 이야기를 연습해요.

◉ 연습파일 : 04강 타자연습.txt

임금님이 새로운 나라 조선을 세우고 바로 시작한 일은 왕의 조상님들을 모시는 '종묘'를 짓고 왕실가족과 나랏일을 돕는 신하들이 있는 '궁궐'을 짓는 일이었습니다.

조선 시대에 만들어진 다섯 개의 궁궐 중 첫 번째로 만들어진 곳으로, 조선 왕조의 법궁입니다. 한양을 도읍으로 정한 후 종묘, 성곽과 사대문, 궁궐 등을 짓기 시작해 경복궁을 완성했어요. 200개의 멋진 건물들로 조선을 대표하는 궁궐이었지만, 지금은 몇 개의 건물들만 남아 있어요. 현재 경복궁에는 아름다운 정자가 있는 향원정이 있고, 중요한 모임이나 잔치를 열었던 경회루 등의 건물들이 남아 있어요.

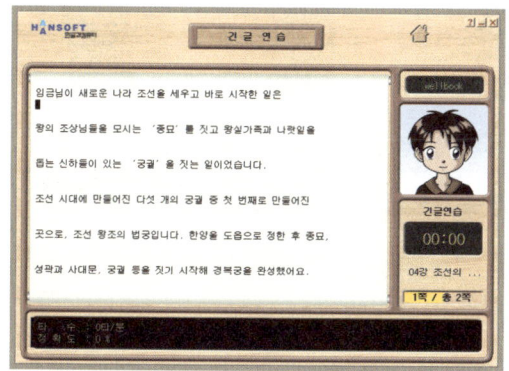

▲ 실습예제

 궁금해요

경복궁은 대한민국 서울 세종로에 있는 조선 왕조의 법궁이다. 면적은 432,703㎡이며, 1395년에 창건하였다. '경복'은 시경에 나오는 말로 왕과 그 자손, 온 백성들이 태평성대의 큰 복을 누리기를 축원한다는 의미이다.

에피소드 2 기둥을 튼튼하게 만들어요.

웅장한 경복궁을 만들기 위해 튼튼한 기둥과 계단을 만들어요.

◉ 완성파일 : 04강 경복궁.lxf

① [블록 팔레트]( )에서 'BIRCK 16W, CROSS' 블록을 찾아 그림과 같이 연결해 3개의 기둥을 만들어요.

'BIRCK 16W, CROSS' ( )

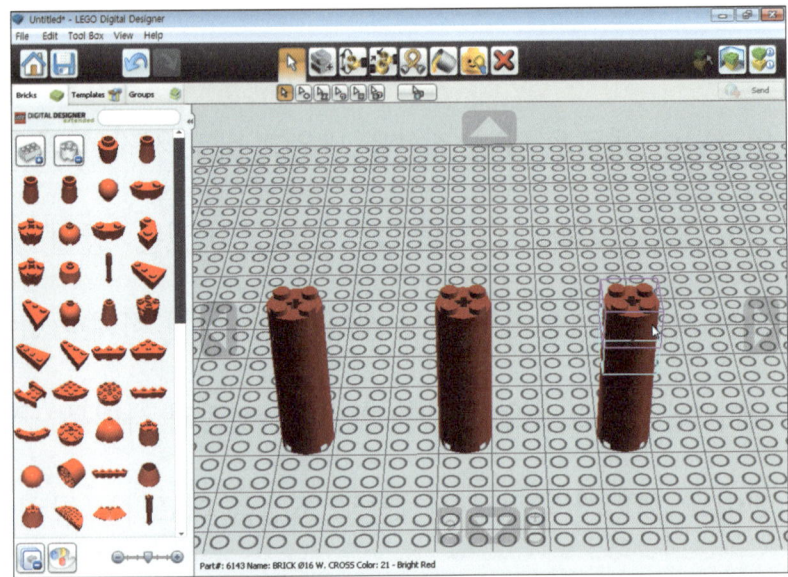

② 기둥 윗분분과 계단을 만들기 위해 [블록 팔레트]( )에서 'PLATE 2×14' 블록을 만들어 놓은 기둥 윗부분에 연결한 후 [블록 팔레트]( )에서 'BRICK 1×4', 'BRICK 2×4' 블록을 찾아 계단을 만들어요.

'PLATE 2×14' ( ),
'BRICK 1×4' ( )

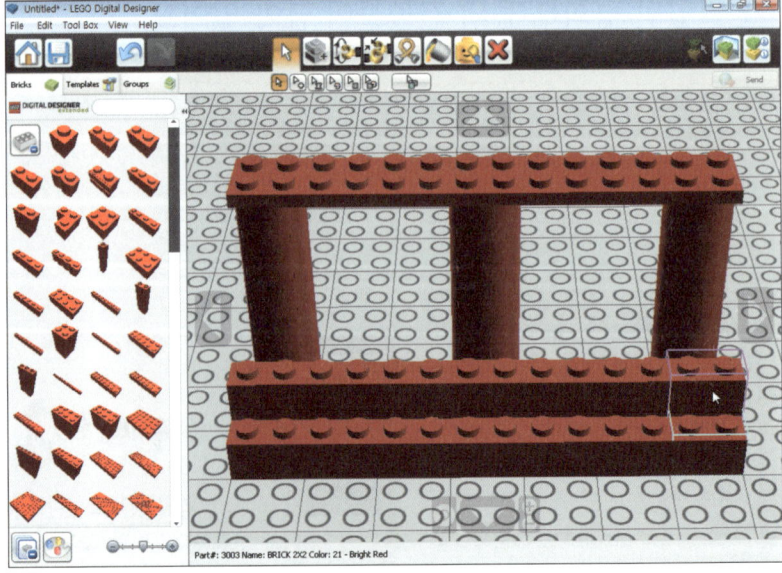

3 경복궁의 멋스러운 처마를 만들어요.

빗물과 눈을 막아주는 조상들의 지혜가 돋보이는 처마를 만들어요.

① [블록 팔레트]( )에서 'ARCH 1×12×3' 블록을 선택한 후 만들어 놓은 기둥 윗부분에 연결해요.

'ARCH 1×12×3' ( )

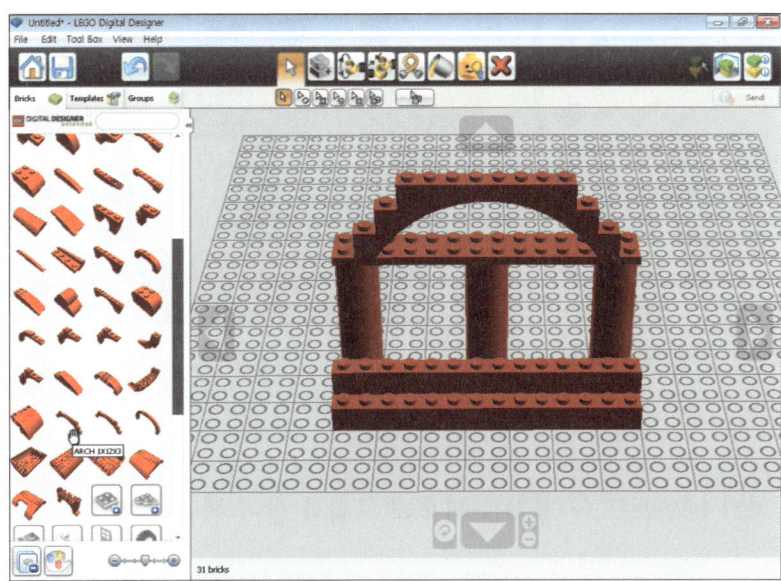

② 처마를 만들기 위해 [블록 팔레트]( )에서 'BRICK WITH BOW 1×5×4' 블록을 찾아 그림과 같은 위치에 연결해요.

'BRICK WITH BOW 1×5×4' ( )

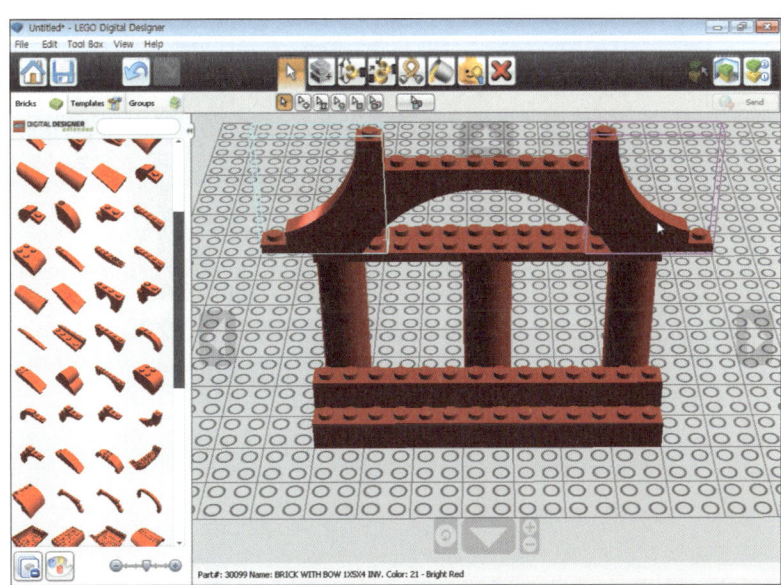

③ [블럭 팔레트]( )에서 'BRICK W BOW 1×4' 블럭을 그림과 같은 위치에 연결해 경복궁 조립을 완성해요.

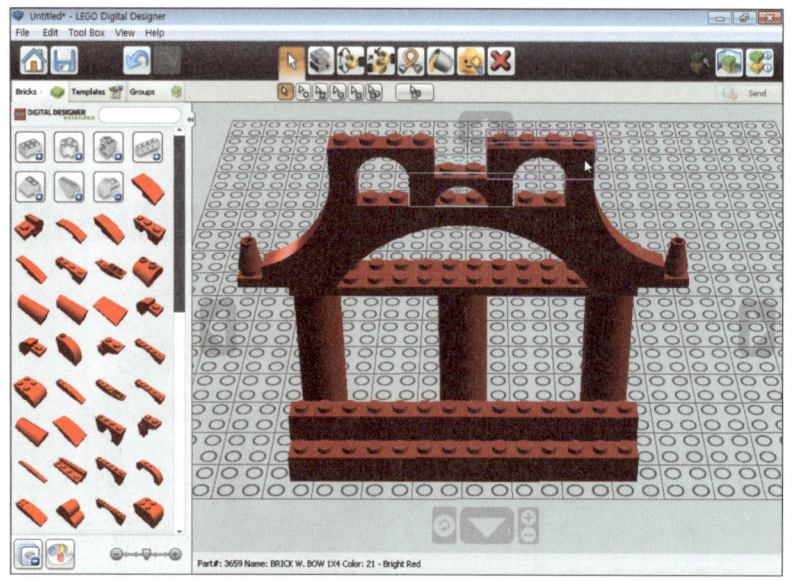

[블럭 팔레트]( )에 있는 'NOSE CONE SMALL 1X1'( ) 블럭으로 처마 끝을 장식해요.

'BRICK W BOW 1×4' ( )

④ 페인트 도구( )를 이용해 그림과 같이 색칠하여 고풍스러운 경복궁을 완성해요.

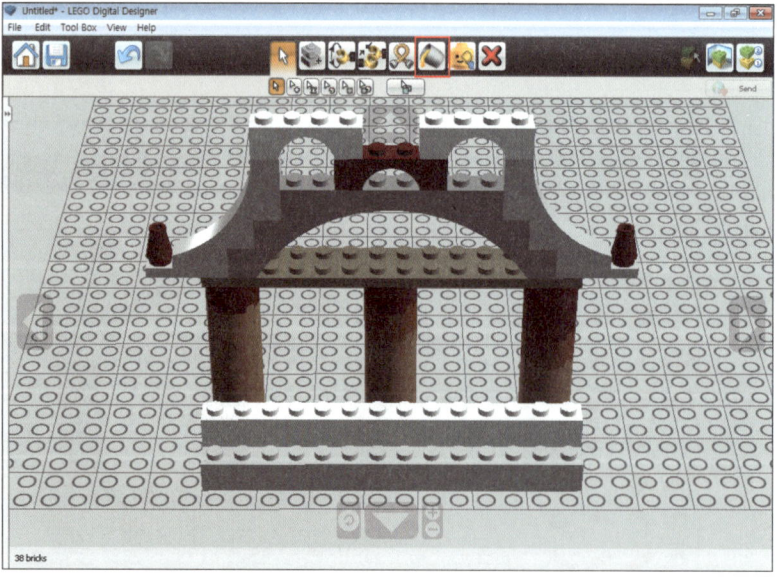

혼자서 해보기

① 블럭을 연결해 그림과 같이 멋진 궁궐을 만들어요.

◎ 완성파일 : 4강 예제1.lxf

■ 블럭 팔레트 : ,

② 블럭을 연결해 그림과 같이 사대문을 만들어요.

◎ 완성파일 : 4강 예제2.lxf

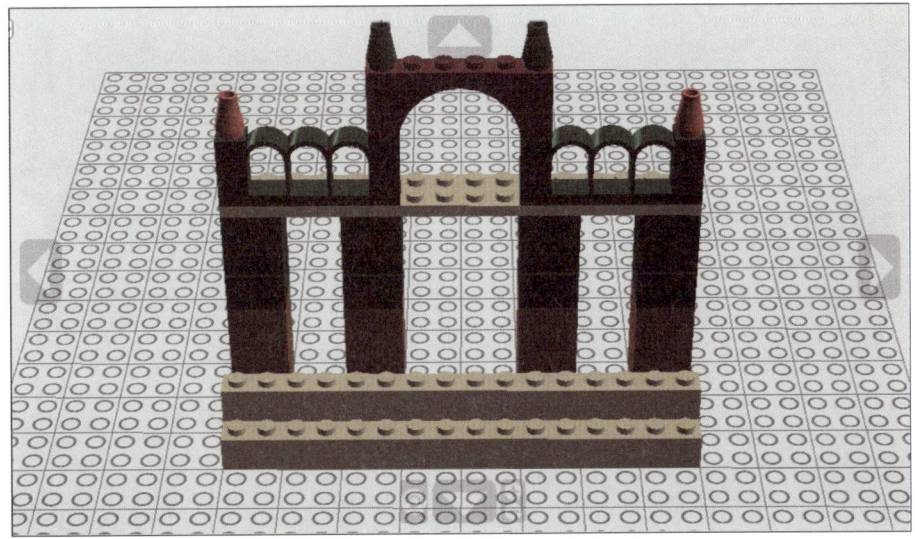

■ 블럭 팔레트 : , ,

05 한산도 대첩 승리의 학익진법

학습 목표
• 세계 해전사에서 가장 으뜸이라는 한산도 대첩을 알아봅니다.
• 왜군을 무찌르는 멋진 장군의 모습을 만들어봅니다.

월	일	타수

이때다! 총공격하라!

이럴 수가! 순식간에 포위 공격을…

1 타자연습

세계 해전사에서 가장 으뜸이라는 한산도 대첩을 알아보기 위해 타자연습에서 한국사 이야기를 연습해요.

● 연습파일 : 05강 타자연습.txt

이순신 장군의 한산도 대첩은 세계 4대 해전에 올라갈 정도에 큰 해전입니다. 이순신이 바다에서 계속 승리를 거두었지만, 육지에서는 연이어 왜군에게 패했어요. 그러자 왜군이 떼를 지어 나타났어요. 싸울 기회를 포착한 이순신은 왜적을 한산도 앞바다로 유인하여 학이 날개를 편 모양의 학익진을 펼치며 왜군과 무찔렀어요. 이 전투의 승리로 조선은 해상권을 완전히 장악하여 육군과 힘을 합해 물자를 조달하려던 왜군의 작전을 쳐부수었어요.

세계 해전사에서 가장 으뜸이라는 평가를 받았습니다.

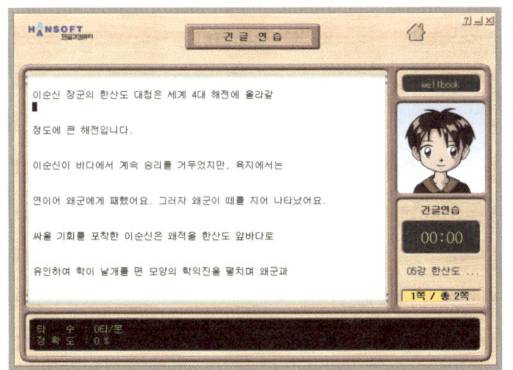

▲ 실습예제

한산도대첩은 임진왜란의 3대 대첩 중 하나로 1592년 8월 14일 한산도 앞바다에서 이순신 지휘하에 조선 수군이 일본 수군을 크게 무찌른 해전으로, 이 전투에서 육전에서 사용하던 포위 섬멸 전술 형태인 학익진을 처음으로 펼쳤다.

2 전쟁에서 이길 수 있는 튼튼한 배를 찾아요.

한산도 대첩은 바다위에서 일어난 큰 해전이에요. 그래서 왜군과 싸워 이길 수 있는 배가 필요해요.

● 완성파일 : 05강 한산도 대첩.lxf

① 한산도 대첩을 표현하기 위해 [블럭 팔레트]( )에서 그림과 같은 블럭을 찾아 조립판에 연결해요.

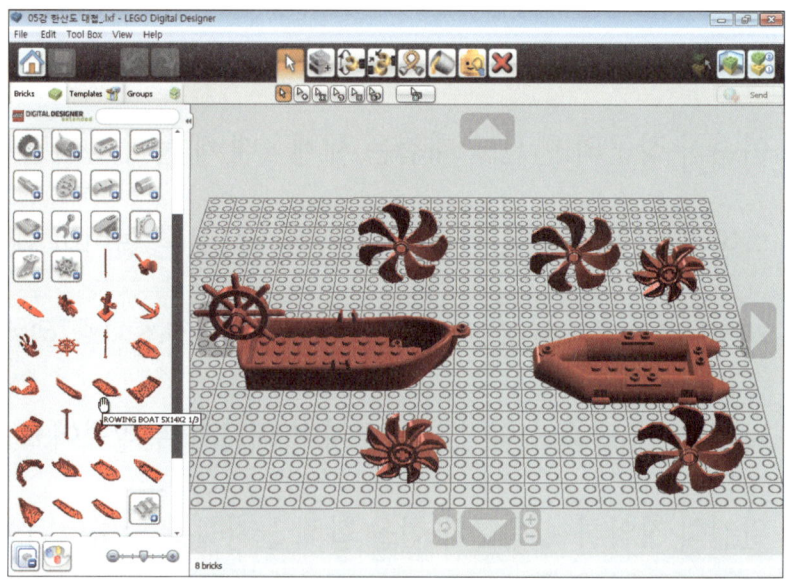

② 장군과 왜적을 만들기 위해 [블럭 팔레트]( )에서 블럭을 찾아 그림과 같은 위치에 연결해요.

사람 캐릭터의 상의는 'MINI UPPERPART W, HOOK, LEFT' ( )를 사용하고 하의는 'MINI LOWER PART'( )를 사용해요.

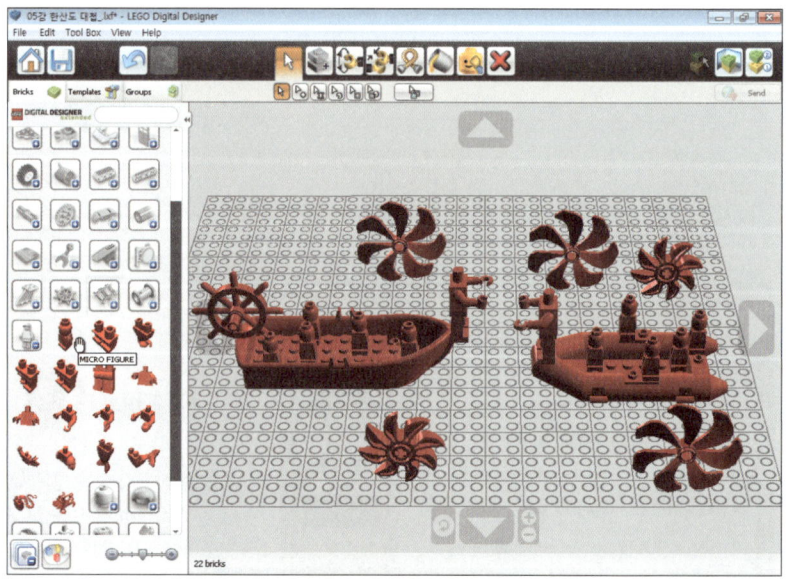

5강 | 한산도 대첩 승리의 학익진법

③ [블럭 팔레트]( )에서 얼굴 모양의 블럭을 찾아 장군과 왜적을 완성해요.

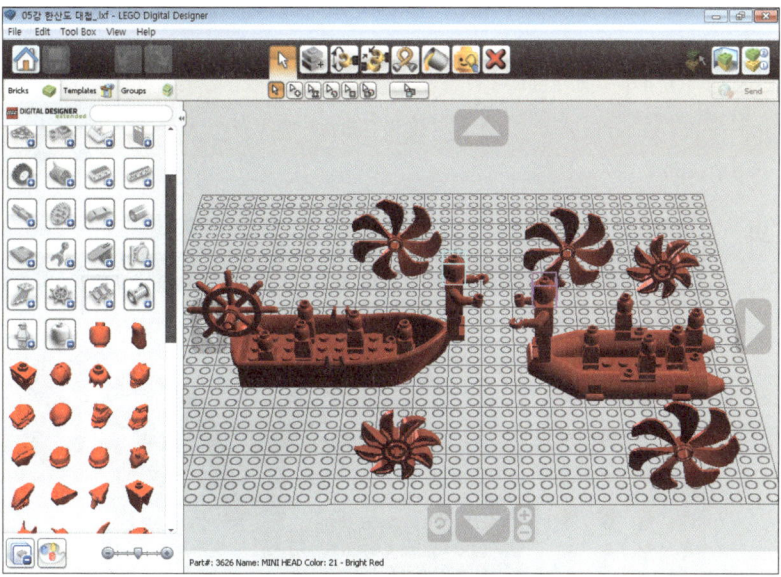

④ 장군과 왜적을 더 멋지게 완성하기 위해 [블럭 팔레트]( )에서 그림과 같은 블럭을 찾아 꾸며요.

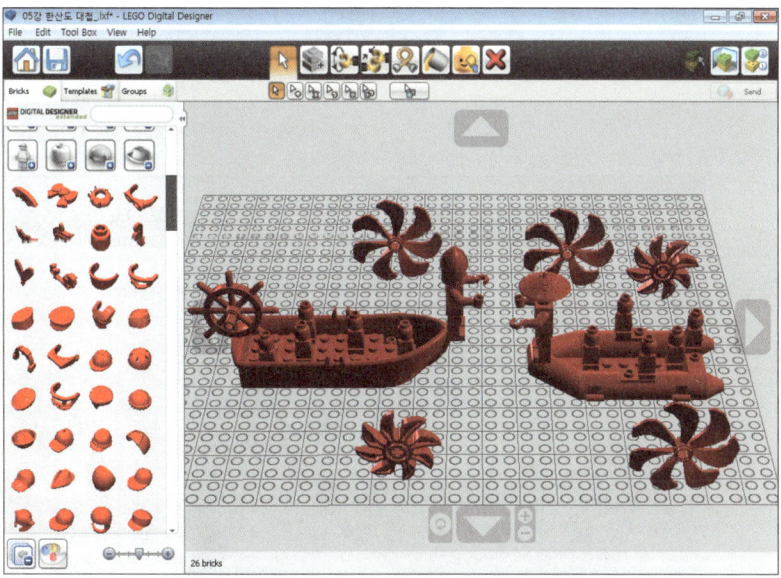

에피소드 3 무사에게 가장 중요한 검을 만들어요.

한산도 앞바다에서 장군이 왜적과 싸워 이길 수 있게 왜적 보다 더 멋진 '검' 을 만들어요.

① [블럭 팔레트]( )에서 그림과 같은 '검' 모양의 블럭을 찾아 완성한 장군과 왜적 블럭에 연결해요.

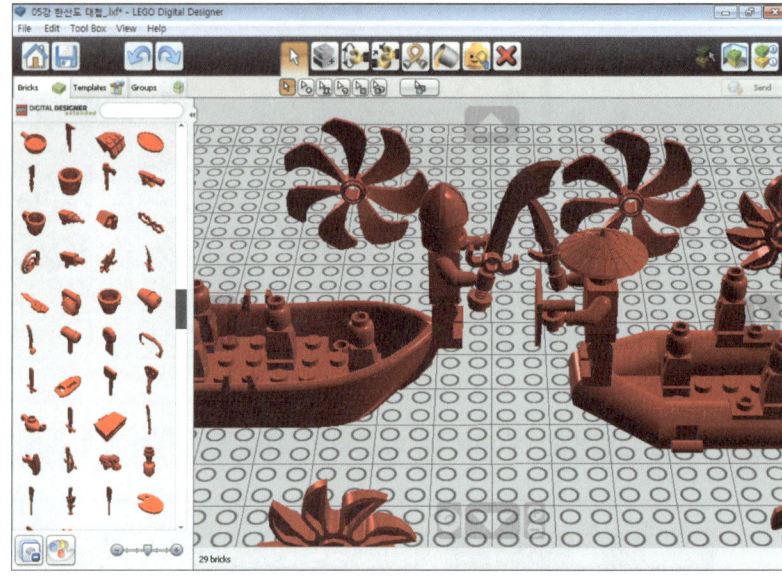

② [페인트 도구]( )를 이용해 그림과 같이 색칠하여 한산도 앞바다에서 왜적과 맞서 싸우는 용맹한 장군을 완성해요.

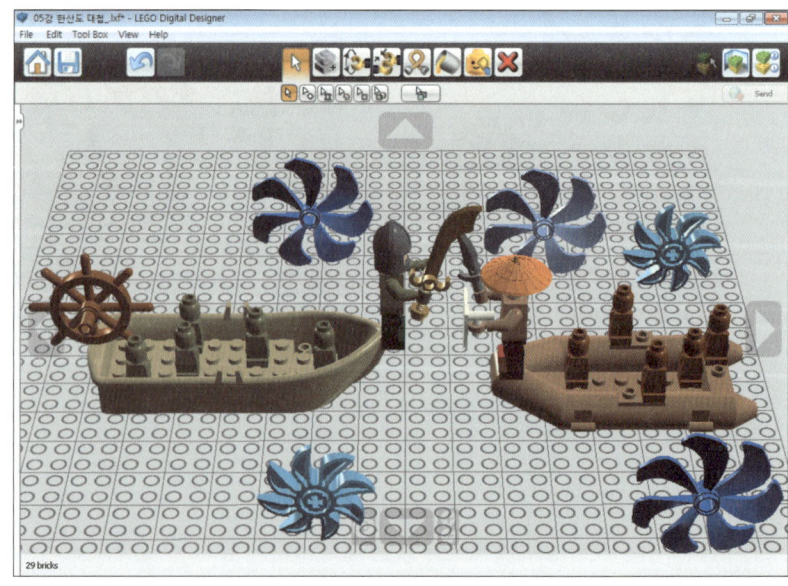

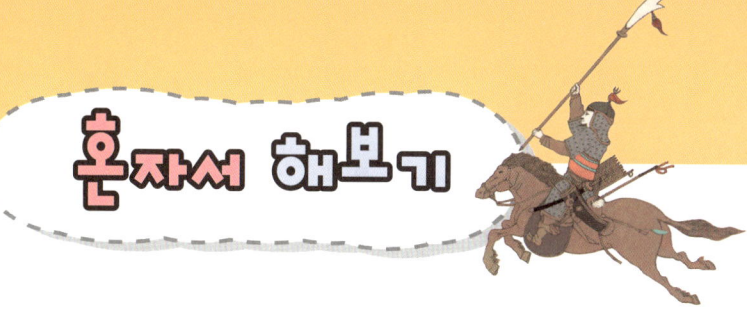

① 블럭을 연결해 한산도 대첩의 승리의 학익진법을 만들어요.

◎ 완성파일 : 5강 예제1.lxf

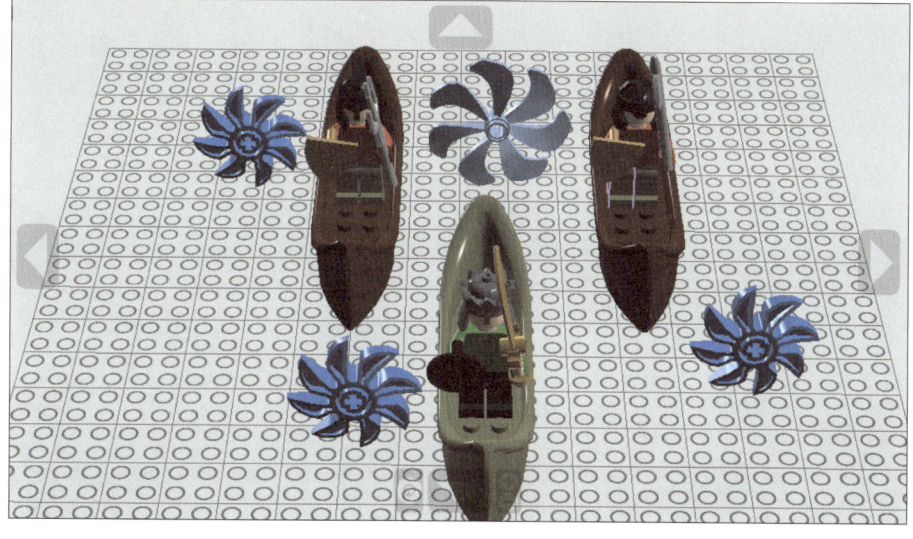

■ 블럭 팔레트 :

② 블럭을 연결해 군사들과 한산도 앞바다로 왜군을 무찌르러 나가는 이순신을 만들어요.

◎ 완성파일 : 5강 예제2.lxf

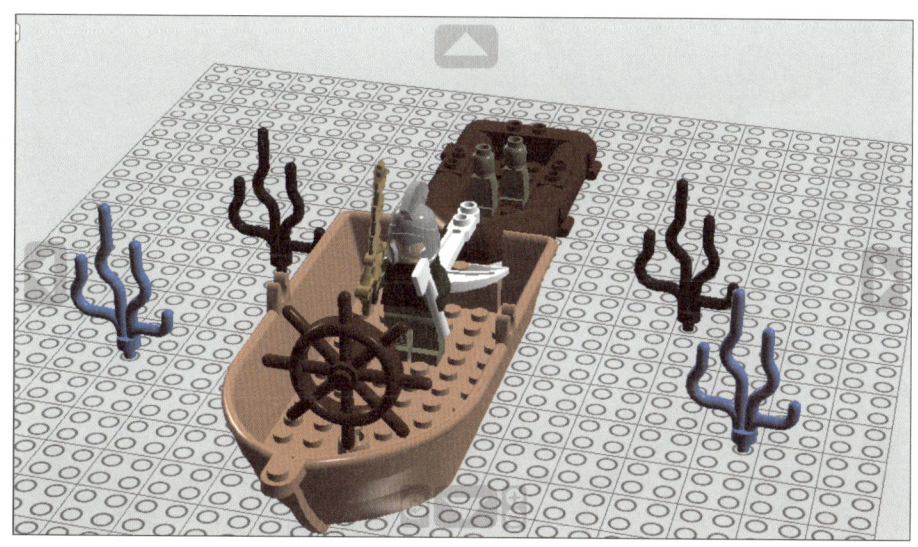

■ 블럭 팔레트 :

 전투에서 승리하는 기술

- 조선 최고의 검객으로 인정받은 무사 백동수에 대해 알아봅니다.
- 싸움에서 승리하는 검술 동작을 알아봅니다.

| 월 | 일 | 타수 |

내가 조선의 최고 검객 백동수다~

1 타자연습

조선 최고의 검객으로 인정받은 무사 백동수에 대해 알아보기 위해 타자연습에서 한국사 이야기를 연습해요.

● 연습파일 : 06강 타자연습.txt

백동수는 조선 최고의 검객으로 인정받았지만, 서얼이라는 신분 때문에 사회적으로 차별을 받았어요. 백동수는 무과 시험에서 남다른 실력을 뽐내며 당당히 합격했으나 모집하는 관직의 수가 턱없이 부족해 벼슬을 얻지 못했어요. 그러자 백동수는 강원도 깊은 산골에 들어가 홀로 무예를 연마하며 지냈어요. 그렇게 10년의 세월이 흘렀어요. 왕위에 오른 정조는 이전 왕들과 달리 서얼 출신들도 불러 모았는데, 백동수가 창검의 일인자로 추천받았어요. 그 후 직접 꼼꼼히 조사하고 체계적으로 정리하여 기록한 무예도보통지를 완성했습니다.

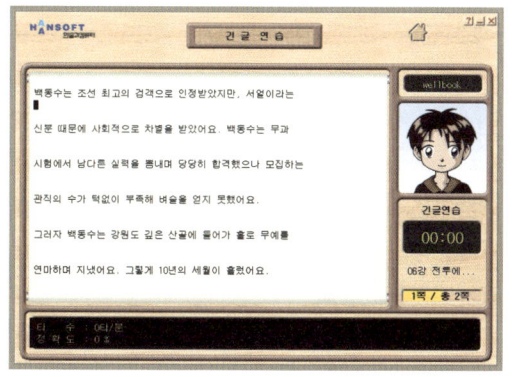

▲ 실습예제

궁금해요

1743년에 태어난 백동수는 '검선'이라 불리던, 김체건의 아들 김광택에게 조선검법을 전수받는 한편, 도가적 전통 단학으로 내공을 쌓고 만약의 부상에 대비해 의술까지 익혔다. 이처럼 그는 청년시절에는 학문을 멀리하고 무협의 세계에 깊이 빠져들어 주위의 우려를 사기도 했다.

 ## 2 스틱맨을 움직여요.

스틱맨을 자유롭게 움직이는 방법을 익힌 후 전투에서 이기는 동작을 만들어요.

◉ 완성파일 : 06강 전투기술.piv

① 스틱맨을 이동하기 위해 주황색 점을 드래그해요.

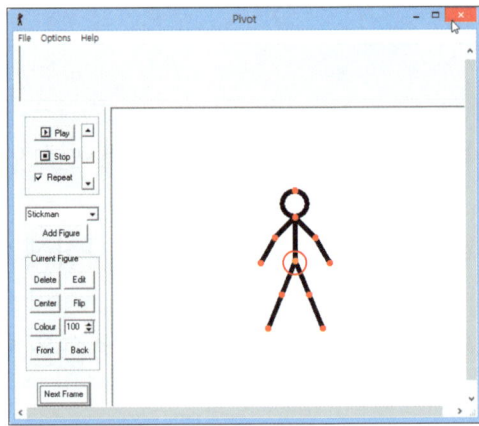

② 드래그한 상태에서 그림과 같은 위치로 이동한 후 빨간색 점을 드래그하여 그림과 같은 위치로 바꿔요.

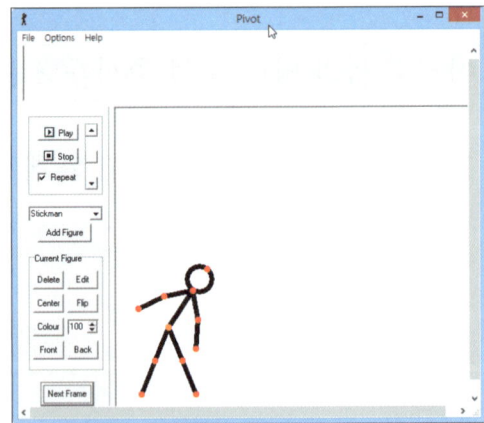

③ 움직이는 장면을 만들기 위해 빨간색 점을 이용해 그림과 같이 스틱맨의 모양을 바꿔요.

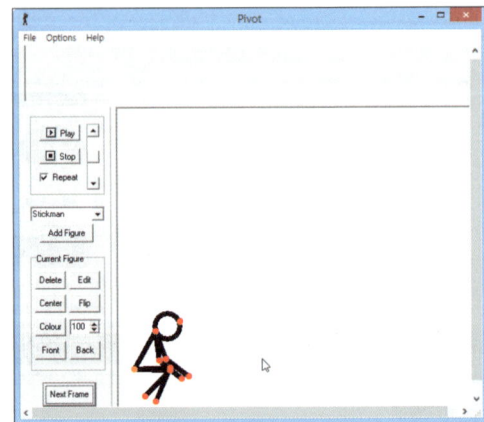

6강 | 전투에서 승리하는 기술

④ 스틱맨의 모양을 만든 후 [Next Frame] 단추를 클릭하면 그림과 같이 1개의 '프레임'이 나타나요.

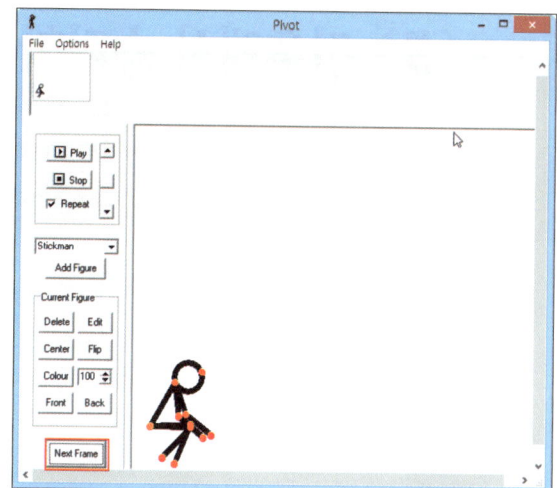

⑤ 빨간 점을 이용해 또 다른 모양을 만든 후 [Next Frame] 단추를 클릭하면 그림과 같이 2개의 '프레임'이 나타나요.

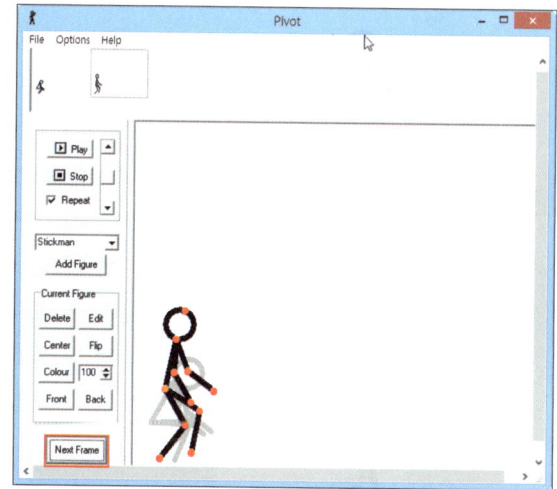

⑥ 2개의 프레임이 만들어지면 [Play] 단추를 클릭하여 스틱맨이 빠르게 움직이는 장면을 확인해요.

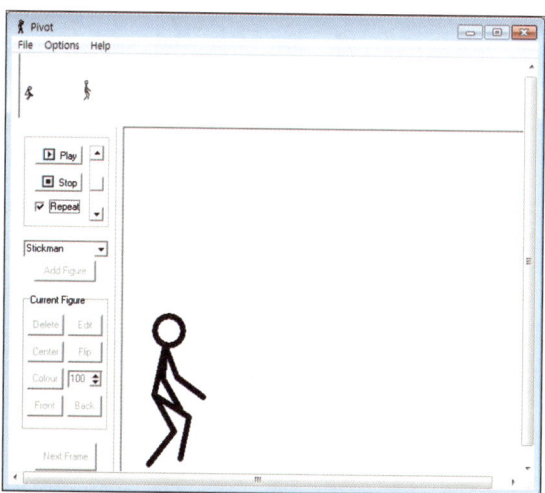

3 전투에서 승리하는 기술을 만들어요.

무사 백동수처럼 날렵하고 멋지게 왜적을 무찌르는 기술을 만들어요.

① 스틱맨을 움직여 하늘 높이 발차기를 하는 무예 동작을 만들어요.

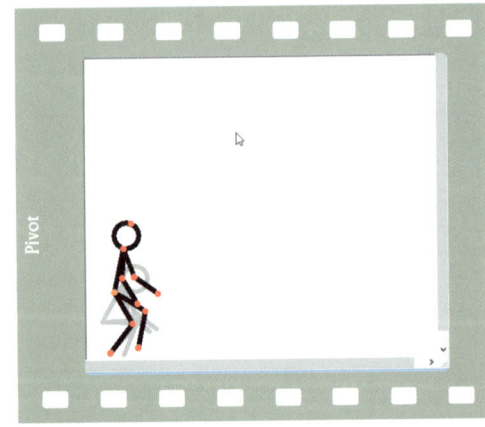

혼자서 해보기

● 조선 최고의 검객 백동수처럼 무예 동작을 만들어요.

◎ 완성파일 : 6강 예제.piv

07 백제의 마지막 결전 황산벌 전투

학습 목표
- 삼국시대 한반도에서 가장 강력한 힘을 자랑하던 백제가 멸망한 이유를 알아봅니다.
- 황산벌 전투에서 왜적과 싸우는 장면을 만들어봅니다.

| 월 | 일 | 타수 |

1 타자연습

삼국시대 한반도에서 가장 강력한 힘을 자랑하던 백제가 멸망한 이유를 알아보기 위해 타자연습에서 한국사 이야기를 연습해요.

◉ 연습파일 : 07강 타자연습.txt

신라는 당나라와 연합군을 결성해 백제를 공격했어요. 김유신이 이끄는 군대는 탄현으로, 당나라의 소정방이 이끄는 부대는 백강으로 쳐들어왔지요. 백제의 계백 장군은 결사대 5,000명을 이끌고 황산벌로 나가 싸웠어요.

그렇지만 김유신이 이끄는 신라군은 쉽게 백제의 군사들을 이길 수 없었어요. 그런데 신라의 화랑 관창의 죽음으로 신라군들 역시 비장한 각오로 마음을 다지고 백제군을 공격했고, 마침내 백제의 마지막 영웅 계백 장군과 5,000 결사대는 모두 전사하고 말았어요.

삼국 시대 한반도에서 가장 강력한 힘을 자랑하던 백제는 멸망하게 되었어요.

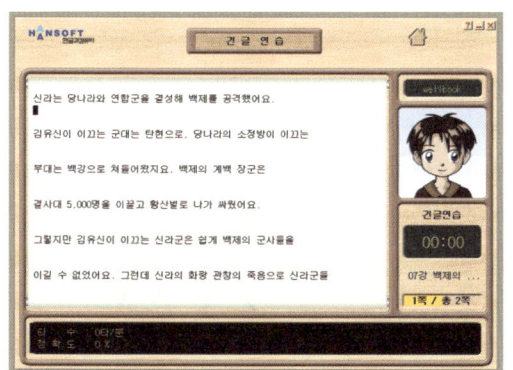

▲ 실습예제

황산벌 전투는 660년 8월 20일 황산벌(오늘날의 충청남도 논산시 연산면 신양리 및 신암리 일대)에서 백제군과 신라군 사이에 일어났던 전투이다. 삼국사기 계백 열전, 삼국유사 태종무열왕조 등에 전투 내용이 나온다.

2 전투 준비를 해요.

황산벌 전투에서 왜적을 무찌르기 위해 전투 준비를 해요.

◉ 완성파일 : 07강 황산벌 전투.piv

① 새로운 '스틱맨'을 추가하기 위해 [Add Figure]를 클릭해요.

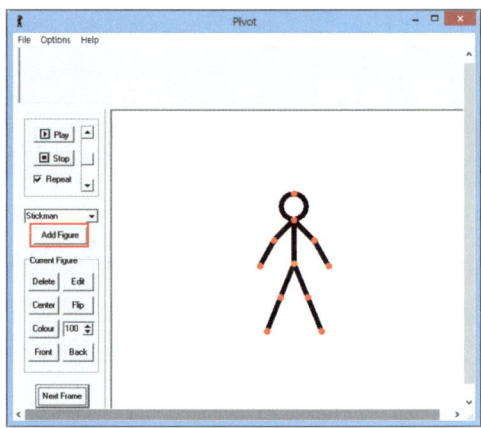

② 스틱맨의 주황색 점을 드래그하여 이동하면 뒤에 가려져 있던 새로운 스틱맨이 편집화면에 나타나요.

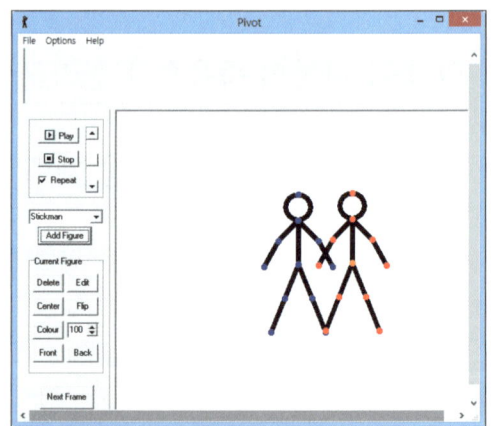

③ 두 개의 스틱맨 중 하나를 클릭하여 선택해요. 선택된 스틱맨은 '빨간' 점과 '주황색' 점으로 표시되고, 선택하지 않은 스틱맨은 '파란색' 점으로 표시돼요.

왼쪽 스틱맨이 선택된 상태에요.

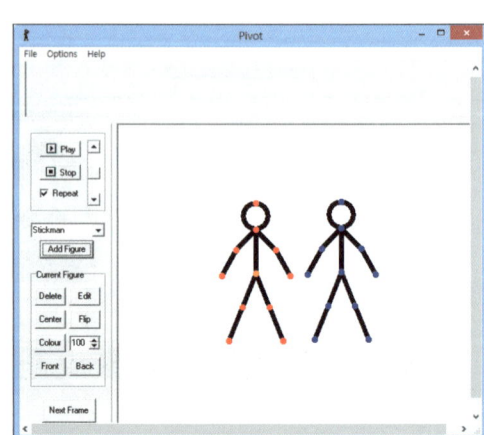

7강 | 백제의 마지막 결전 황산벌 전투

④ 그림과 같이 결투 장면을 만든 후 [Next Frame] 단추를 클릭해요.

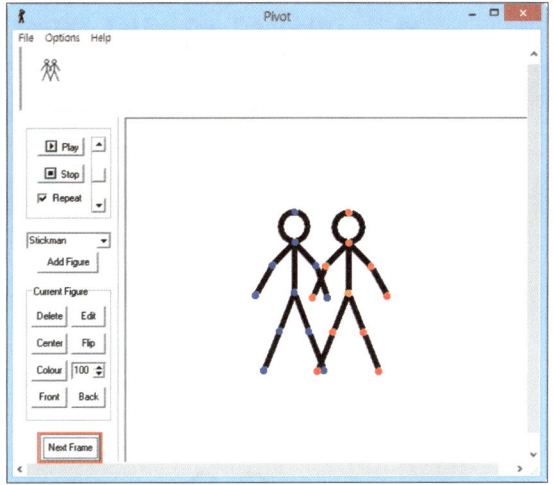

⑤ 그림과 같이 또 다른 장면을 만든 후 [Next Frame] 단추를 클릭해요.

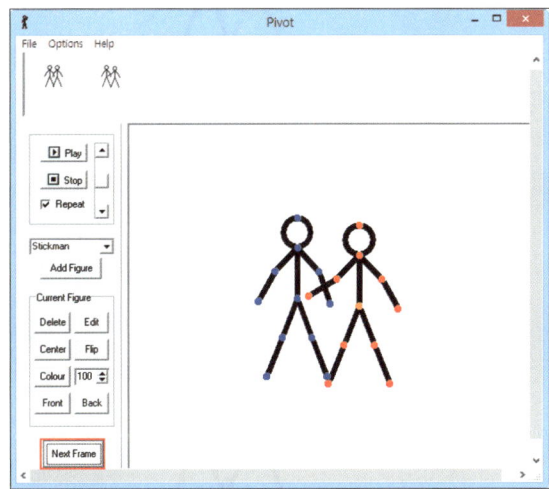

⑥ 두 개의 '프레임'이 완성되면 [Play] 단추를 클릭해 결투하는 장면을 확인해요.

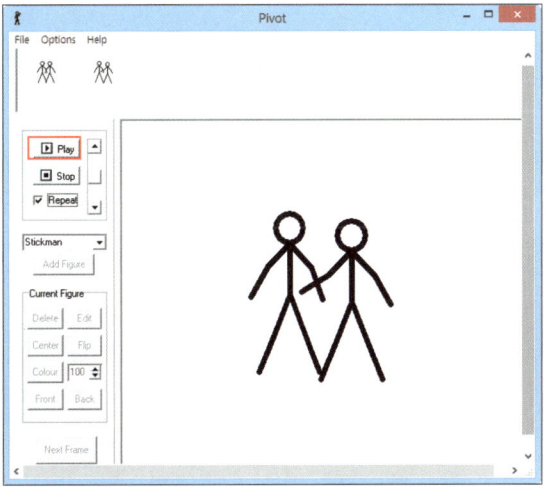

3 백제의 마지막 결전 황산벌 전투를 만들어요.

황산벌 전투에서 왜적을 무찌르는 멋진 군사들을 만들어요.

① 황산벌 전투에서 신라군과 백제군의 전투장면을 만들어요.

혼자서 해보기

● 백제의 마지막 영웅 계백 장군과 신라군의 전투장면을 만들어요.

◎ 완성파일 : 7강 예제.piv

08 해상 왕이 된 장보고

학습 목표
- 장보고가 어떻게 바다의 왕이 될 수 있었는지 알아봅니다.
- 말을 타고 바다로 달려가는 장보고를 만들어봅니다.

1 타자연습

장보고가 어떻게 바다의 왕이 될 수 있었는지 알아보기 위해 타자연습에서 한국사 이야기를 연습해요.

◉ 연습파일 : 08강 타자연습.txt

바다의 왕 장보고는 순우리말로 활보였어요. 이를 한자로 옮기면서 궁복이 되었어요. 미천한 출신이기 때문에 성이 없었으나, 당나라로 건너가서 무장으로 출세하면서 장보고라 이름을 지었어요. 해상왕이 된 것은 신라 사람들이 해적에게 잡혀 와 당나라에서 노예로 팔리는 것에 충격을 받아 힘을 길러 바닷길을 지키고 국제 무역을 일으켜야겠다고 결심하여 신라로 돌아왔어요. 완도에 청해진을 건설하여 해적들을 완전히 소탕하고 동아시아 국제 무역의 패권을 차지하여 해상왕이 되었는데, 장보고의 세력이 커지는 것에 두려움을 느낀 신라 정부는 염상이라는 자색을 보내 장보고를 죽이고 말았어요.

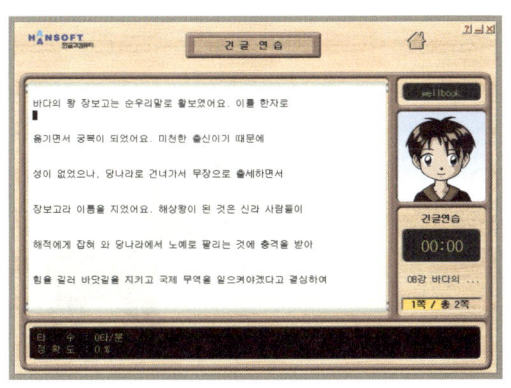

▲ 실습예제

궁금해요

장보고는 남북국 시대 통일신라의 무장 출신으로 신라의 해상 호족이다. 본명은 궁복 또는 궁파이며, 다른 이름은 장보고이다. 일찍부터 친구 정년과 함께 당의 서주로 건너간 그는 그곳에서 승마와 창술에 특출난 재주를 보이며 군인으로서 출사해 무령군중소장의 직책을 받게 되었다.

에피소드 2 다양한 모양의 피규어를 만나요.

새로운 '피규어'를 살펴보고 해상 왕 장보고에게 어울리는 '피규어'를 선택해요.

◉ 완성파일 : 08강 장보고.piv

① 새로운 '피규어'를 불러오기 위해 [File]-[Load Figure Type]을 클릭해요.

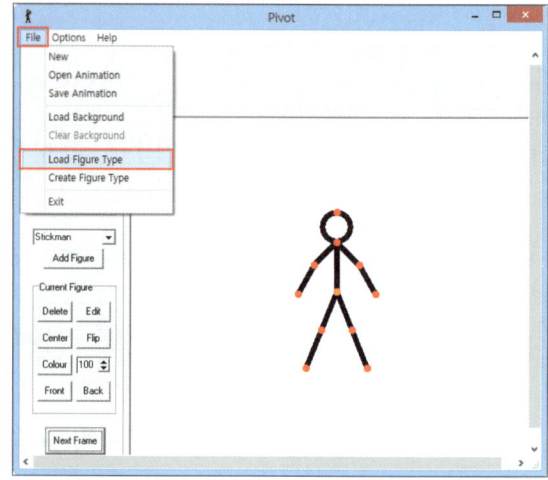

② [열기] 대화상자에서 'horse.stk'를 선택하고 [열기] 단추를 클릭해요.

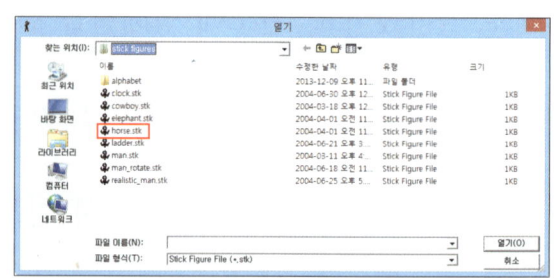

③ 편집 화면에 선택한 '피규어'가 나타나면 그림과 같이 드래그하여 모양을 바꿔요.

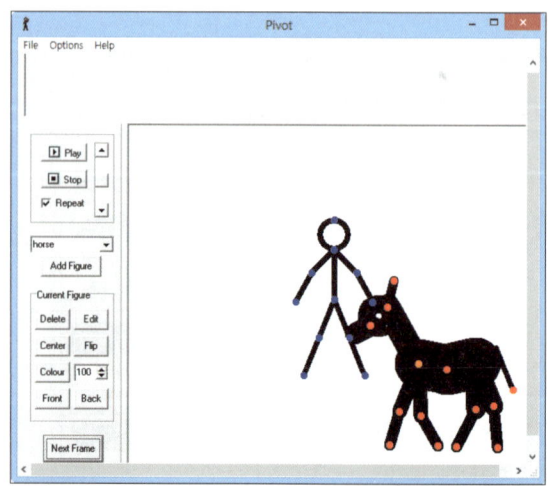

8강 | 해상 왕이 된 장보고

④ 그림과 같이 말을 타고 달리는 모습을 만든 후 [Next Frame] 단추를 클릭해요.

⑤ 그림과 같이 두 번째 장면을 만들고 [Next Frame] 단추를 클릭해요.

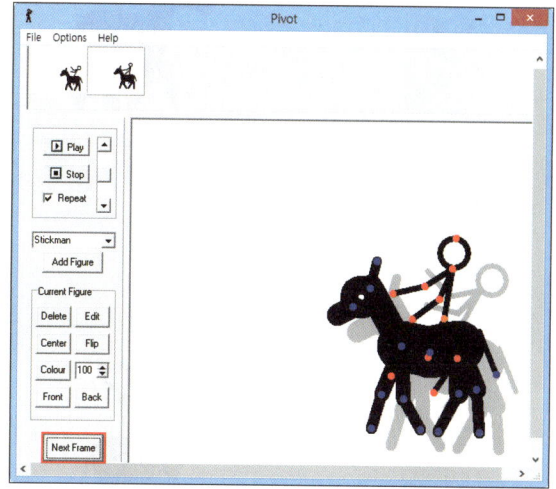

⑥ 두개의 '프레임'이 완성되면 [Play] 단추를 클릭해 말을 타고 달리는 장면을 확인해요.

3 말을 타고 빨리 달리는 장면을 만들어요.

바다의 왕 장보고가 왜적을 무찌르기 위해 바다로 말을 타고 달리는 장면을 만들어요.

① 해상왕이 된 장보고가 신라 사람들을 해적으로 부터 지키기 위해 바다로 달려가는 모습을 만들어요.

혼자서 해보기

◎ 완성파일 : 8강 예제.piv

● 바다의 왕 장보고가 왜적을 무찌르러 바다를 가던 중 왜적을 만나 쫓고 있는 모습을 만들어요.

 동방의 피라미드 장군총

 학습 목표
- 장수왕의 무덤으로 알려진 장군총을 알아봅니다.
- 피라미드처럼 생긴 장군총을 만들어봅니다.

| 월 | 일 | 타수 |

고려인들의 예술성이 우수하도다.

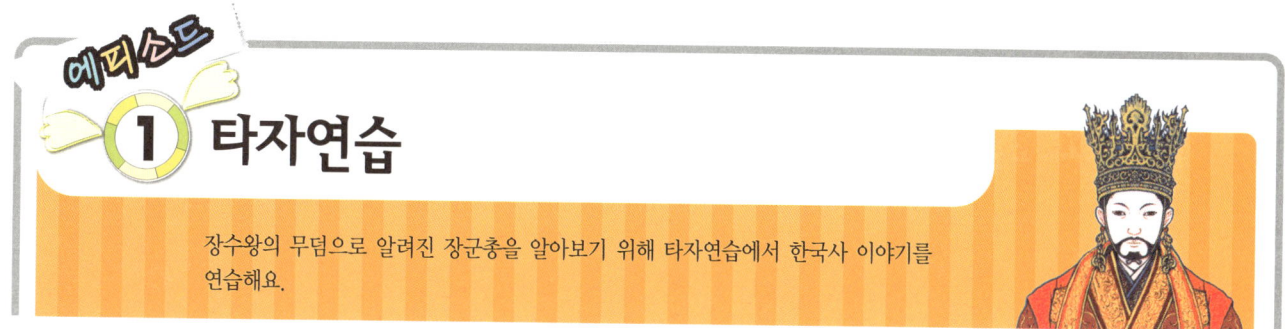

에피소드 1 타자연습

장수왕의 무덤으로 알려진 장군총을 알아보기 위해 타자연습에서 한국사 이야기를 연습해요.

◉ 연습파일 : 09강 타자연습.txt

장수왕릉은 고구려의 두 번째 도읍지였던 국내서(중국 지린 성) 부근에 있는 많은 고구려 무덤 중에서 현재 가장 완벽한 형태를 유지하고 있는 돌무지무덤이에요. 흔히 장군총으로 불리며, 산 아래에 광개토왕릉비가 있어요.

화강암을 계단식으로 네모나게 7층으로 쌓아 올려 마치 피라미드처럼 생겼기 때문이지요. 그래서 중국 사람들은 장군총을 '동방의 피라미드'라고 불러요.

철근을 박아 넣었다거나 따로 기둥을 세운 흔적을 찾아볼 수 없는 고구려인의 우수한 건축술을 잘 나다내는 문화재입니다.

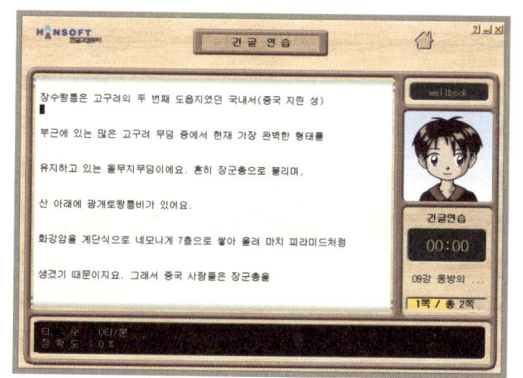

▲ 실습예제

궁금해요

무덤은 총 7층의 단계식 피라미드로 이루어져 있고, 평면은 장방형으로서 한 변의 길이는 31.5~33미터이며, 무덤의 높이는 현재 14미터로 아파트 5층 높이에 달한다. 기단의 무덤 둘레로 한 변에 세 개씩 호석이라 하는 적석 밀림 방지석이 배치되어 있는데, 분실되었는지 오직 동변만 가운데 호석 없이 두 개뿐이다.

2 피라미드처럼 만들어요.

블럭을 쌓아 동방의 피라미드라고 불리우는 장수왕릉을 만들어요.

◎ 완성파일 : 9강 장군총.lxf

① [블럭 팔레트]( )에서 'BRICK 2×8' 블럭을 선택해 그림과 같이 사각형 모양으로 블럭을 연결해요.

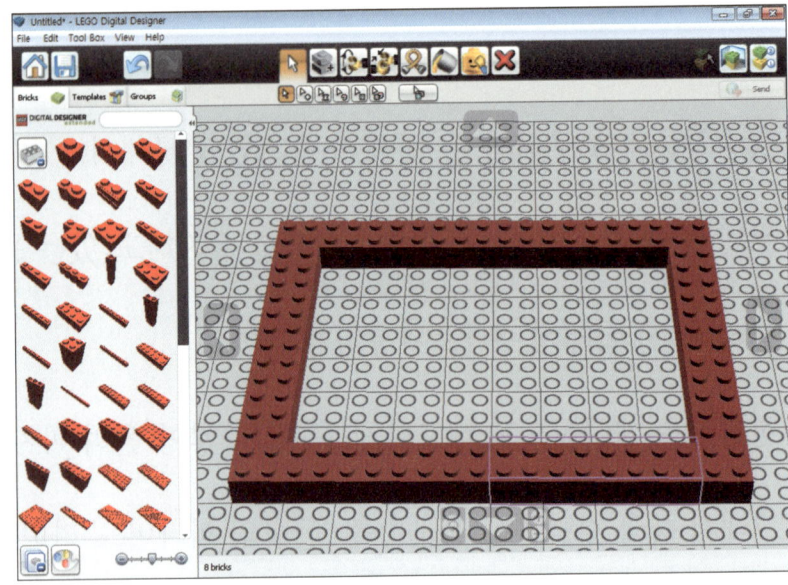

'BRICK 2×8' ( )

② [페인트 도구]( )를 클릭한 후 그림과 같이 블럭의 색상을 바꿔요.

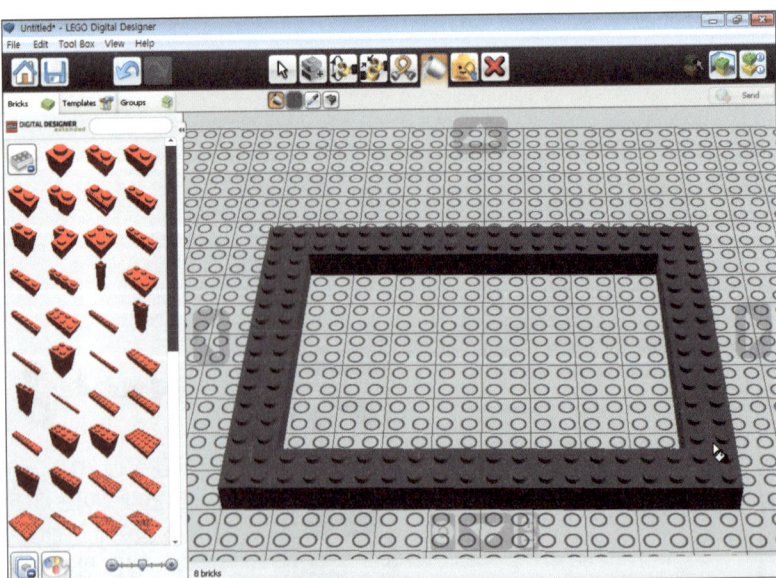

색상 번호 (199)

9강 | 동방의 피라미드 장군총

③ [블럭 팔레트]( )에서 다양한 모양의 블럭을 선택하여 그림과 같이 계단모양으로 블럭을 쌓아 연결한 후 색상도 바꿔요.

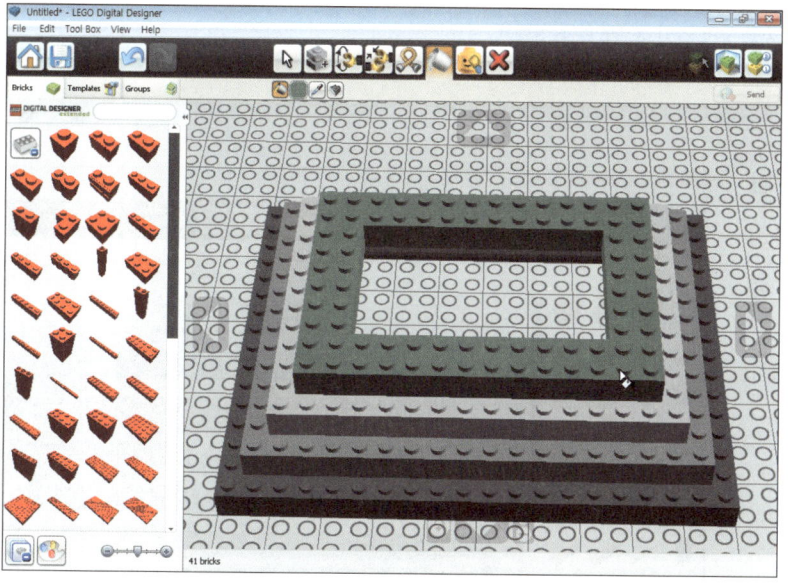

④ 완벽한 형태의 장군총을 만들기 위해 [블럭 팔레트]( )에서 'BRICK 2×2' 블럭을 연결한 후 색상도 바꿔요.

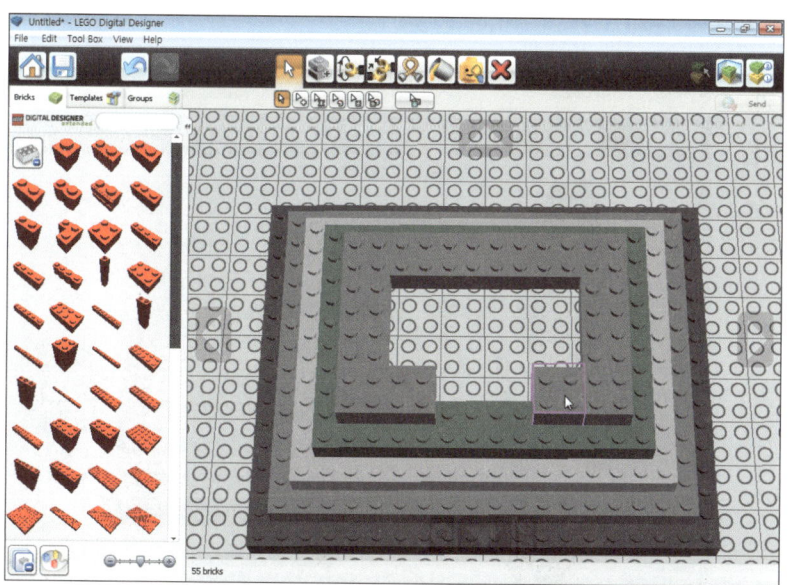

'BRICK 2×2' ( )

3 장군총을 완성해요.

화강암을 사각 계단식으로 7층을 쌓아 올린 장군총을 완성해요

① 장군총을 완성하기 위해 [블록 팔레트]( )에서 다양한 모양의 블록을 선택해 그림과 같이 7층으로 쌓아 올려요.

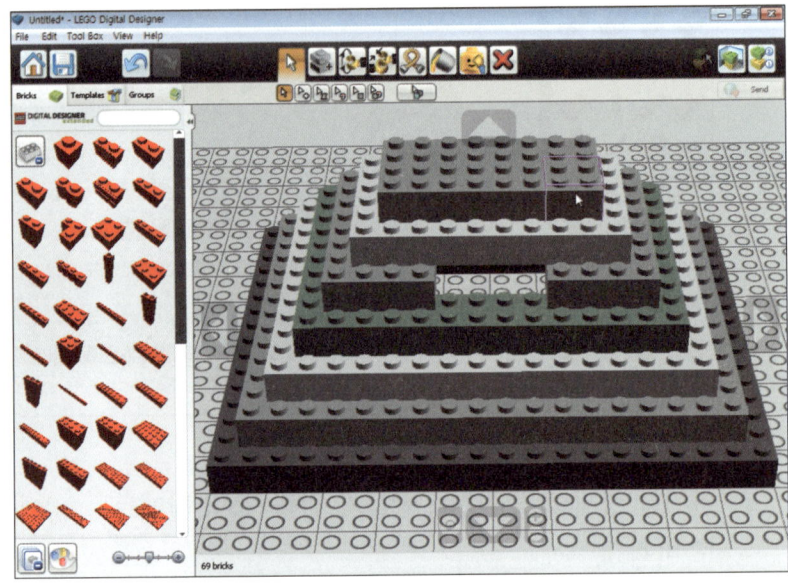

② [블록 팔레트]( )에서 그림과 같은 블록을 찾아 동방의 피라미드로 불리는 장군총 주변을 그림과 같이 꾸며요.

① 블럭을 연결해 멕시코에 있는 '달의 피라미드'를 만들어요.

◎ 완성파일 : 9강 예제1.lxf

② 블럭을 연결해 세계 7대 불가사의의 하나로 꼽히는 '쿠푸왕의 피라미드'를 만들어요.

◎ 완성파일 : 9강 예제2.lxf

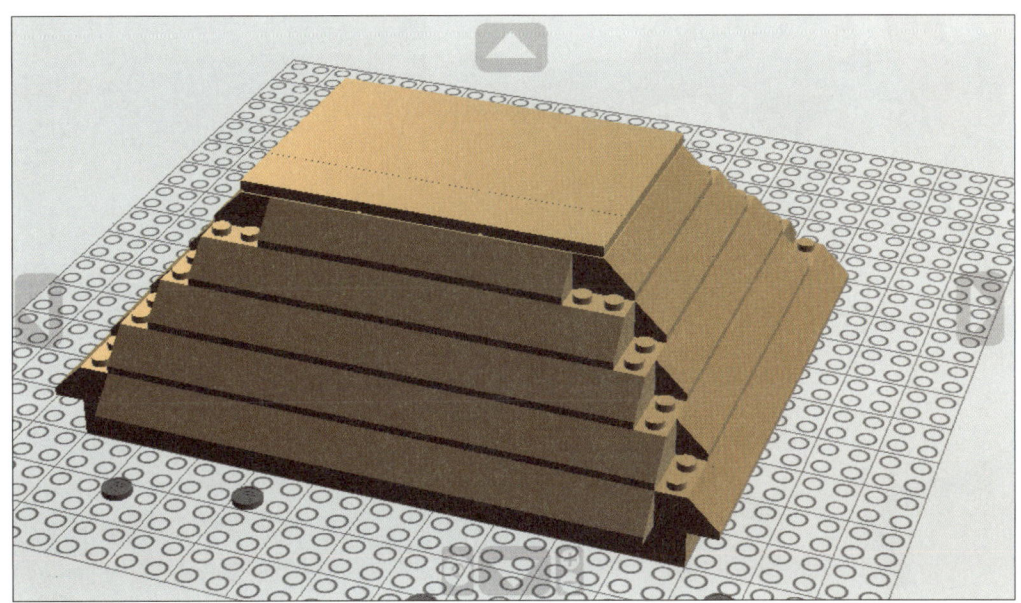

⑩ 불국사 삼층 석탑을 만든 아사달

학습 목표
- 불국사 석탑을 만든 아사달의 슬픈 이야기를 알아봅니다.
- 백제의 석공 아사달이 만든 3층 석탑을 만들어봅니다.

월 　 일 　 타수

타자연습

불국사 석탑을 만든 아사달의 슬픈 이야기를 알아보기 위해 타자연습에서 한국사 이야기를 연습해요.

● 연습파일 : 10강 타자연습.txt

불국사를 창건한 김대성은 기술이 뛰어난 백제의 석공 아사달을 불러 석가탑을 만들게 했어요. 그런데 작업이 길어져 한 해 두 해가 지나갔습니다. 남편이 돌아오지를 않자 불국사로 찾아갔어요. 하지만 탑을 짓는 도중에는 절 안으로 들어갈 수 없다고 스님이 아사녀를 막아섰어요. 이를 안타깝게 여긴 스님이 석탑이 완성되면 영지라는 연못에 그림자가 비칠 것이니 그곳에 가서 기다리라고 했어요. 하지만 끝내 연못에는 그림자가 비치질 않았어요. 결국, 기다리다 지쳐 그만 연못에 뛰어들어 죽고 말았어요. 아사달은 소식을 뒤늦게 듣고 여지로 달려갔지만 이미 아사녀는 없었습니다. 슬픈 마음에 영지가 보이는 앞산에 올라가 커다란 바위에 아사녀의 얼굴을 조각해 넣었어요. 나중에 보니 부처님 얼굴이었다고 해요.

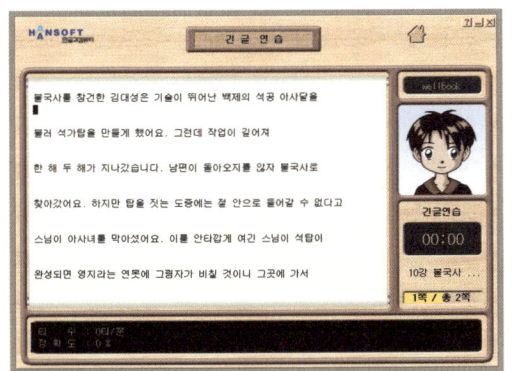

▲ 실습예제

궁금해요

경주 불국사 삼층석탑은 경주 불국사에 있는, 남북국 시대 신라의 삼층석탑이다. 원래 이름은 석가여래상주설법탑이며 흔히 줄여서 석가탑이라고도 한다. 아사달과 아사녀의 전설에서 따 무영탑이라고 부르기도 한다. 불국사 대웅전 앞뜰에 다보탑과 나란히 서 있으며, 대한민국의 국보 제21호로 지정되어 있다.

에피소드 2 아사달이 만든 석가탑을 만들어요.

불국사에 가면 볼 수 있는 3층 높이로 만들어진 석가탑을 블럭을 쌓아 올려 만들어요.

● 완성파일 : 10강 석가탑.lxf

① [블럭 팔레트]( )에서 'PLATE (8×8), (2×8), (2×10)' 블럭 3개를 찾아 그림과 같이 조립판에 연결한 후 색상도 바꿔요.

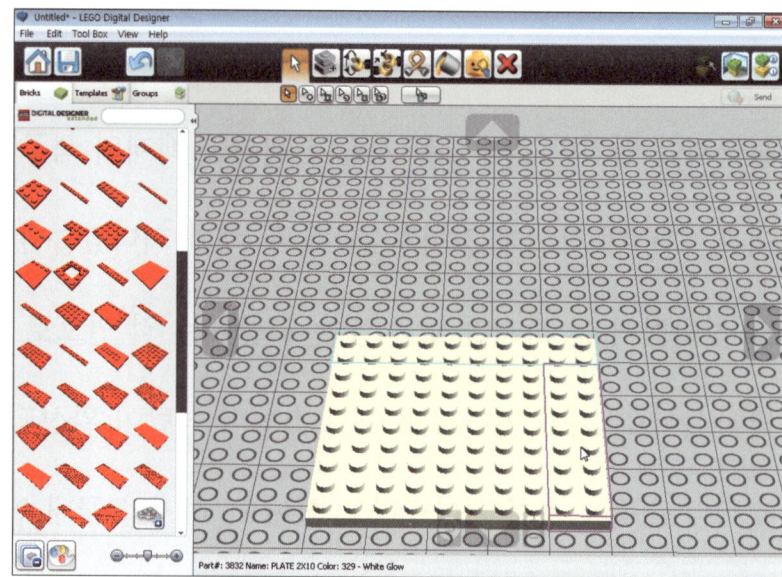

'PLATE (8×8), (2×8), (2×10)'
( ), ( ), ( )

② [블럭 팔레트]( )에서 'BRICK 2×2' 블럭을 그림과 같이 연결해요.

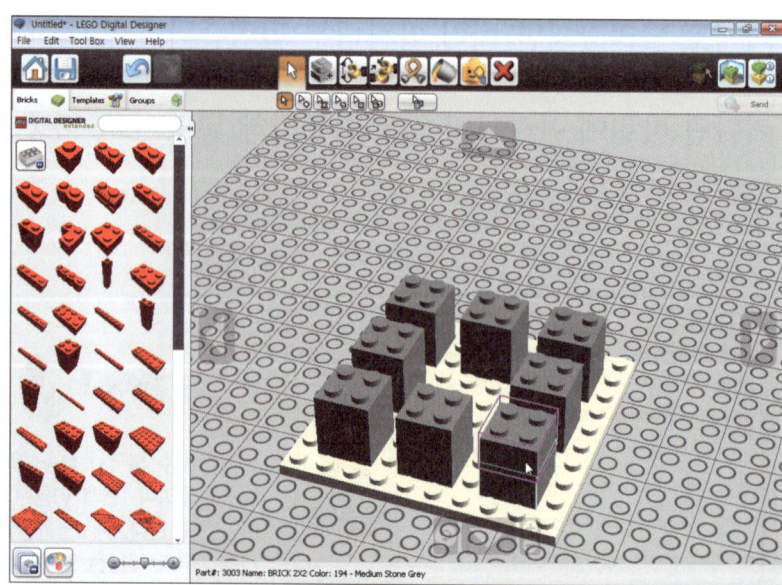

'BRICK 2×2' ( )

10강 | 불국사 삼층 석탑을 만든 아사달

③ [블록 팔레트]( )에서 'PLATE 8×8' 블록을 이용하여 만들어 놓은 윗부분에 연결한 후 [블록 팔레트]( )에서 'BRICK 2×2×3' 블록을 이용해 그림과 같이 연결해요.

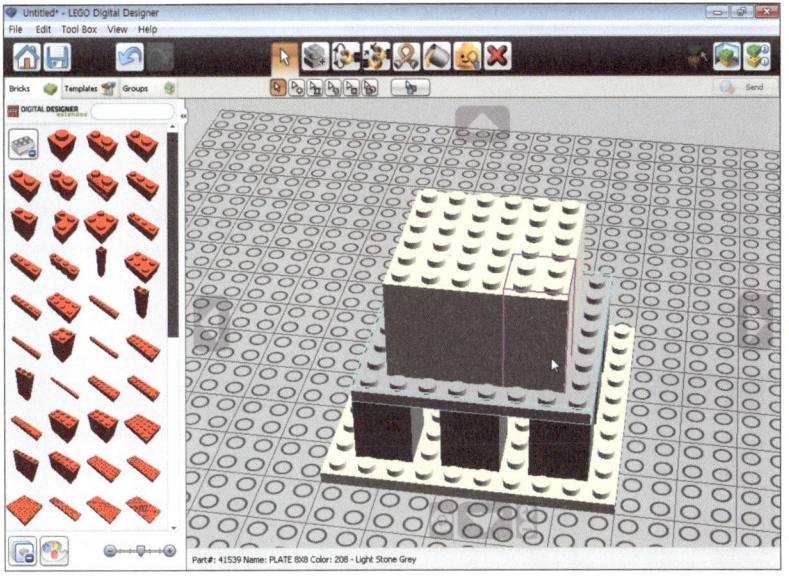

④ [블록 팔레트]( )에서 'ROOF TILE (2×4), (2×2)' 블록을 찾아 그림과 같이 연결해요.

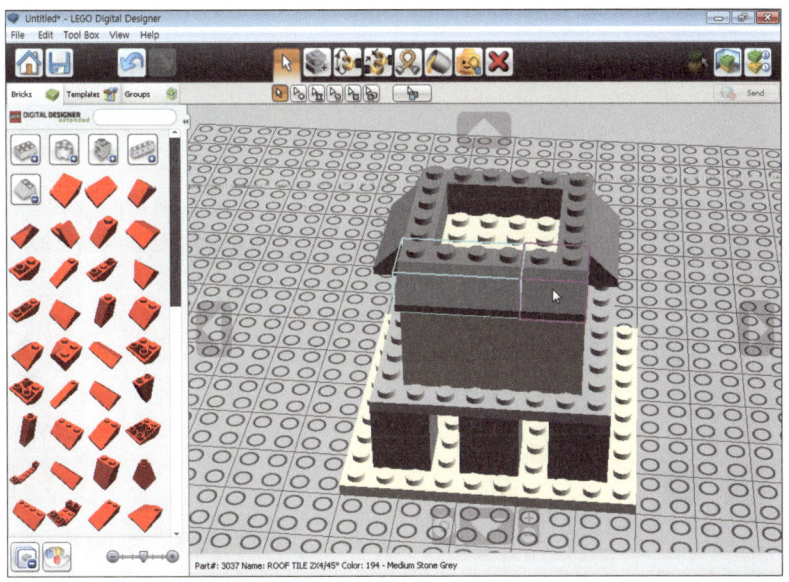

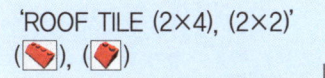

⑤ 위와 같은 방법으로 [블럭 팔레트](🧱, 🧱)에서 블럭을 찾아 그림과 같이 연결해요.

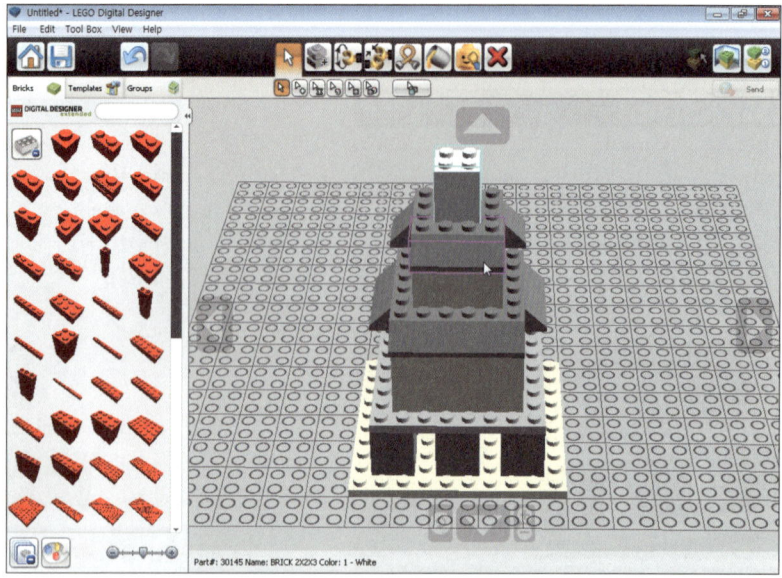

⑥ [블럭 팔레트](🧱)에서 'NOSE CONE SMALL 1×1' 블럭 3개를 그림과 같이 연결해 삼층 석탑을 완성해요.

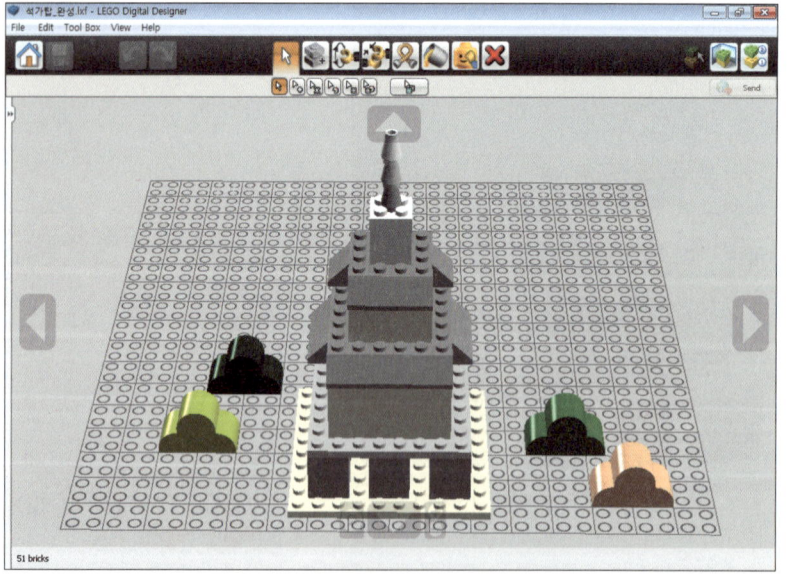

[블럭 팔레트](🧱)에서 블럭을 찾아 주변을 꾸며요.

'NOSE CONE SMALL 1×1' (🧱)

혼자서 해보기

1 블럭을 연결해 그림과 같이 현대식 '원형 석탑'을 만들어요.

◎ 완성파일 : 10강 예제1.lxf

■ 블럭 팔레트 :

2 블럭을 연결해 그림과 같이 불국사에 있는 '다보탑'을 만들어요.

◎ 완성파일 : 10강 예제2.lxf

■ 블럭 팔레트 :

11 미래의 청계천 수표교

학습 목표
- 홍수에 대비하기 위해 만든 수표교를 알아봅니다.
- 임금님도 건너는 다리 수표교를 만들어봅니다.

월	일	타수

내일은 비가 오지 않겠사옵니다.

달이 참 밝구나~

에피소드 1 타자연습

홍수에 대비하기 위해 만든 수표교를 알아보기 위해 타자연습에서 한국사 이야기를 연습해요.

◉ 연습파일 : 11강 타자연습.txt

수표교는 역대 조선의 임금들이 자주 건너다니던 다리였어요. 해마다 설날 한식 단오가 되면 임금의 거동행렬은 이곳 수표교 다리로 왕래했어요. 수표교는 태종 때 인공으로 수로를 뚫은 청계천에 가설되었던 다리 중의 하나였어요. 서울 성 안의 개천에 흐르는 수량을 측정하는 시설로 다리 돌기둥에 강, 진, 지, 평이라는 수준을 새기고 수시로 물의 깊이를 재어 홍수에 대비했어요. 수표교 서쪽에 세워져 있던 수표는 돌기둥에 눈금을 새겨 홍수 때 청계천과 한강의 물 높이를 잴 수 있도록 한 수위측정기에요. 처음 세울 때는 나무기둥으로 세웠다가 이후 성종 때 돌기둥으로 바꿨어요.

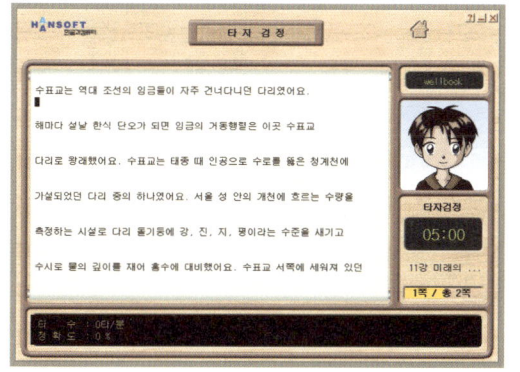

▲ 실습예제

 궁금해요

청계천은 대한민국 서울특별시의 남산, 북악산 등에서 발원하여 종로구, 중구, 동대문구, 성동구 등을 거치며 중랑천과 합류한 뒤 한강으로 흘러드는 마른 하천이다. 한강은 동에서 서로 흐르는 반면에 청계천은 서에서 동으로 흐른다. 본래의 이름은 개천이었으나 일제 강점기에 "청계천"으로 바뀌어 오늘날의 이름이 되었다.

에피소드 2 수표교의 다리를 만들어요.

다리 돌기둥에 눈금을 새겨 홍수 때 청계천과 한강의 물 높이를 잴 수 있는 수표교의 다리를 만들어요.

● 완성파일 : 11강 수표교.lxf

① 다리를 만들기 위해 [블럭 팔레트]( )에서 'BRICK (2×4), (2×2)' 블럭을 이용해 그림과 같이 연결한 후 색상도 바꿔요.

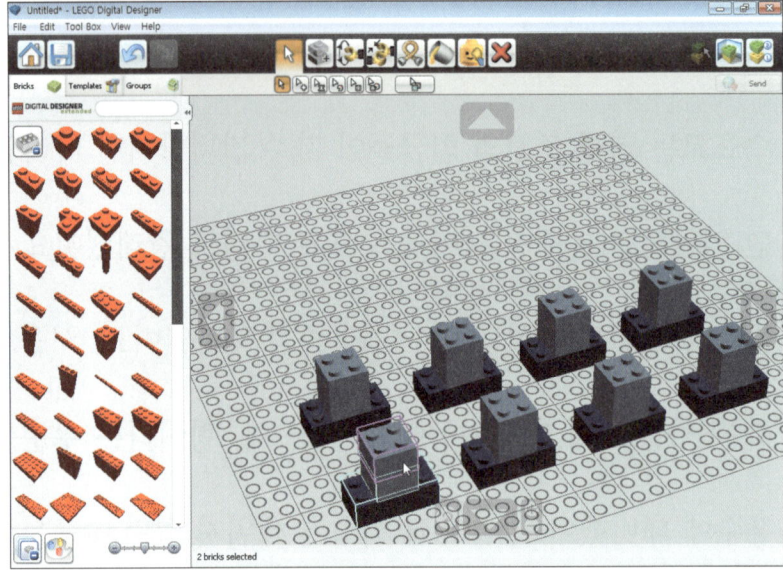

'BRICK (2×4), (2×2)' ( ), ( )

② 만들어 놓은 블럭 윗부분에 [블럭 팔레트]( )에서 'BRICK W, BOW 1×8×2' 블럭을 선택해 그림과 같이 연결해요.

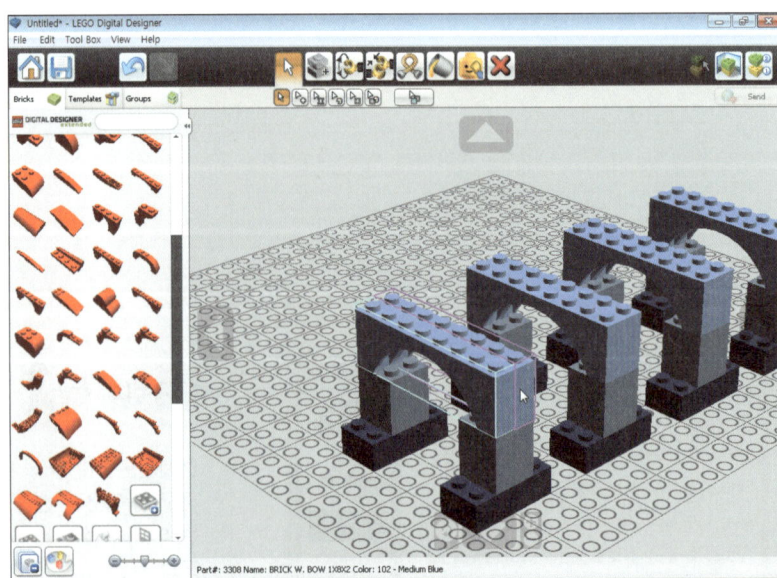

'BRICK W, BOW 1×8×2' ( )

11강 | 미래의 청계천 수표교

③ [블록 팔레트]( )에서 'PLATE (8×16), (4×8)' 블록을 찾아 그림과 같은 위치에 연결해요.

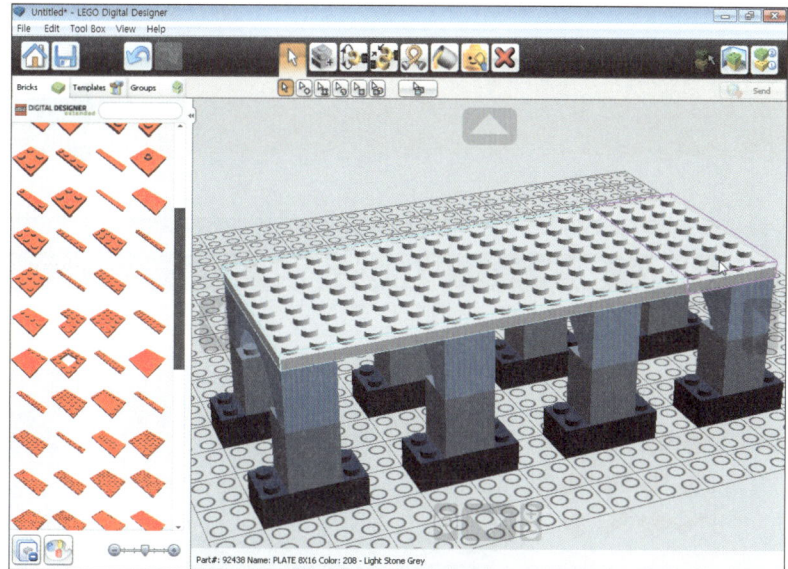

'PLATE (8×16)' ( ),
'PLATE(4×8)' ( )

④ [블록 팔레트]( )에서 'PENCE 1×4×2' 블록을 찾아 만들어 놓은 블록 위에 그림과 같이 연결해요.

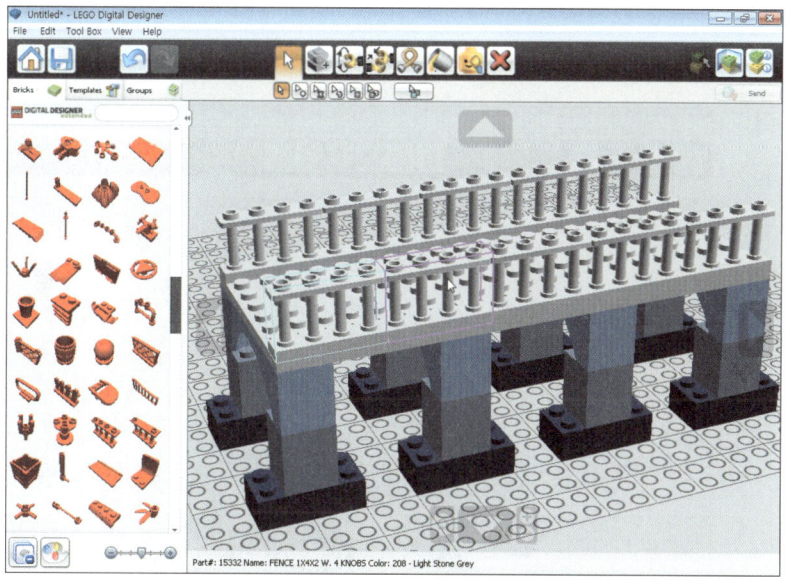

'PENCE 1×4×2'( ) 블록 10개가 필요해요.

에피소드 3 수표교의 다리를 완성해요.

돌기둥으로 만들어진 수표교의 다리를 촘촘하게 다듬어 완성해요.

① [블럭 팔레트](🧱)에서 'PLAT TILE 1×6' 블럭을 찾아 그림과 같이 한 줄로 연결해요.

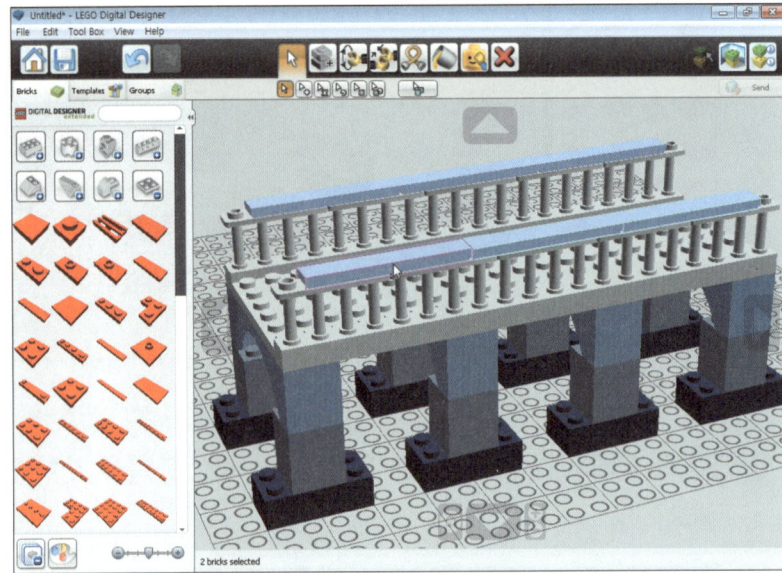

'PLAT TILE 1×6'

② 수표교를 완성하기 위해 [블럭 팔레트](🧱) 'ROUND BRICK 1×1' 블럭 4개를 이용해 그림과 같이 다리에 연결한 후 [블럭 팔레트]에서 블럭을 찾아 수표교 주변을 장식해요.

'ROUND BRICK 1×1'

혼자서 해보기

◎ 완성파일 : 11강 예제1.lxf

① 오스트레일리아 시드니에 있는 아치 모양으로 유명한 '하버브리지'를 만들어요.

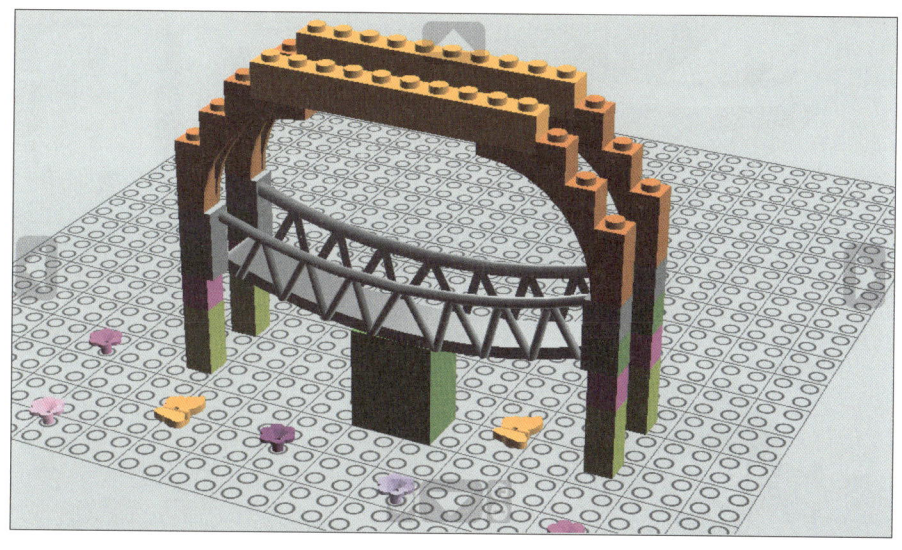

■ 블럭 팔레트 : ,

◎ 완성파일 : 11강 예제2.lxf

② 헝가리의 수도 부다페스트에 있는 아름다운 다리 '엘리자베스 다리'를 만들어요.

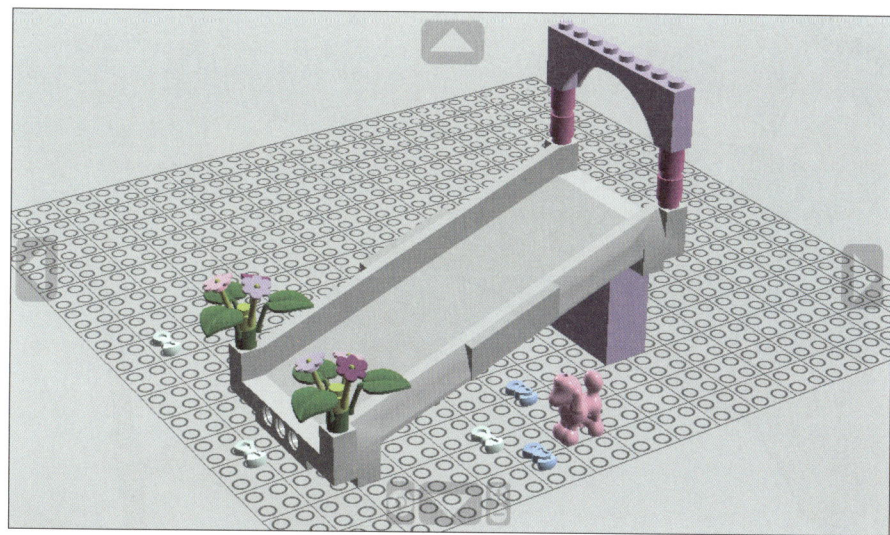

■ 블럭 팔레트 : ,

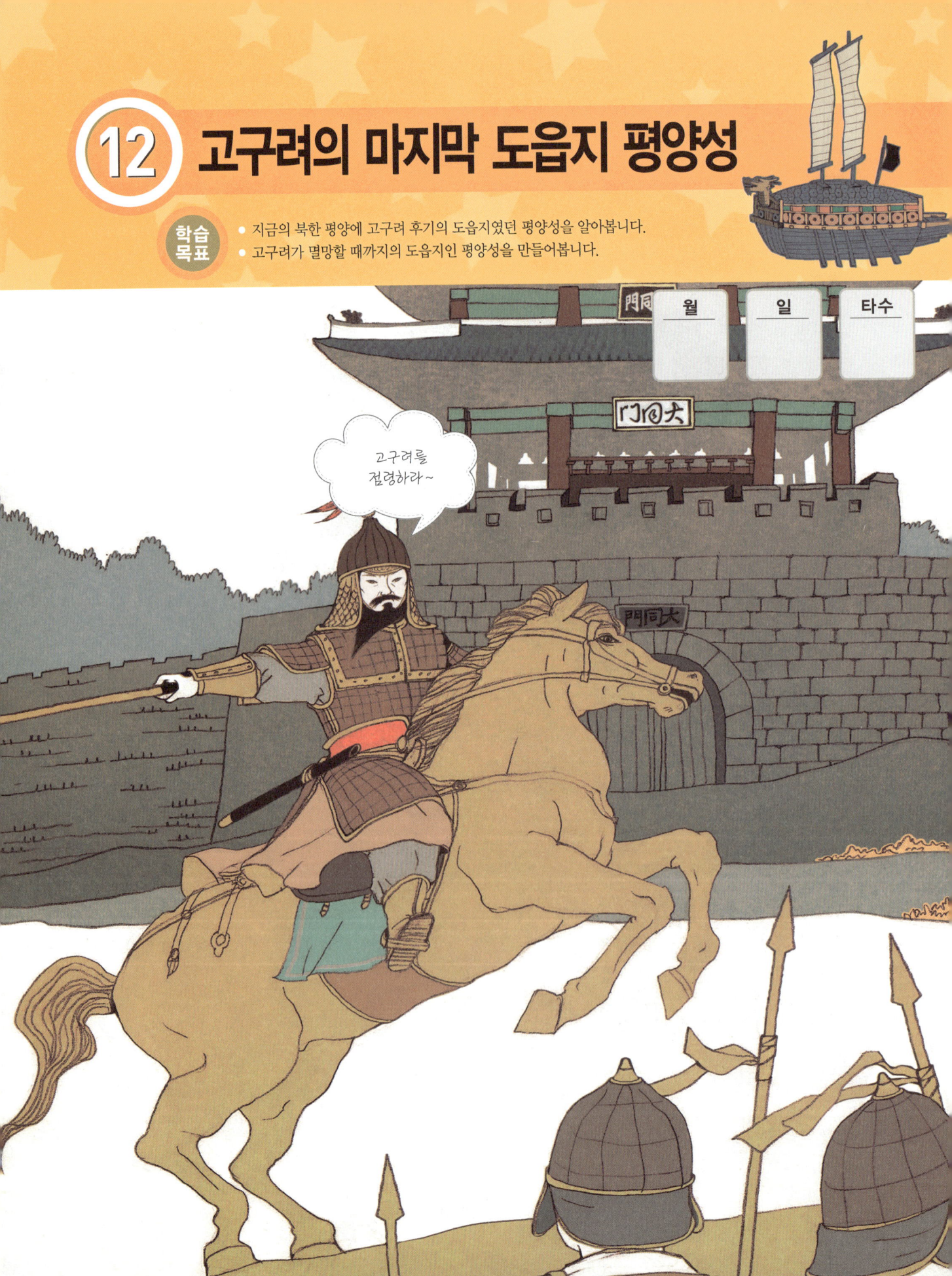

에피소드 1 타자연습

지금의 북한 평양에 고구려 후기의 도읍지였던 평양성을 알아보기 위해 타자연습에서 한국사 이야기를 연습해요.

◉ 연습파일 : 12강 타자연습.txt

백제는 고구려, 신라와 여러 차례 전쟁을 치러야 했어요. 369년, 고구려의 고국원왕이 2만 명의 군사를 이끌 지금의 황해도 배천에 주둔하자, 백제의 태자인 근수가 고구려군을 공격하여 크게 이겼어요. 몇 년 후 고구려의 고국원왕은 지난 패배를 갚고자 다시 백제를 공격했어요. 백제는 예성강 위에 군사를 숨기고 있다가 고구려 군사들이 넘어오자 곧바로 공격해 고구려군을 물리쳤어요. 그해 겨울 백제가 고구려의 평양성을 공격했어요. 백제의 기습 공격을 받은 고국원왕은 화살에 맞아 전사했어요. 그리하여 백제군은 고구려의 도읍지인 평양성 앞에서 고구려군을 크게 물리쳤어요.

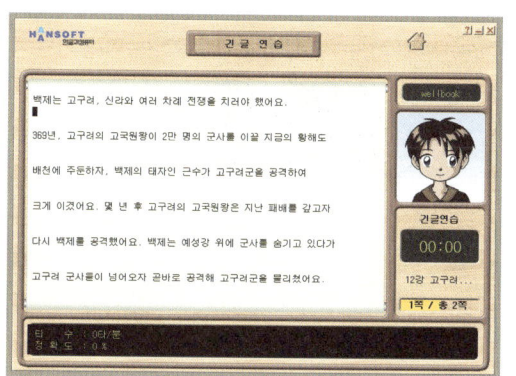

▲ 실습예제

 궁금해요

평양성(平壤城)은 고조선의 수도로 전해지는 지명이다.
평양성의 현재 위치는 알려져 있지 않다. 조선민주주의인민공화국은 1993년 10월 평양시 강동군 문흥리 대박산 기슭에 위치한 단군릉을 발굴하여 고조선의 수도라고 발표하였으며, 단군릉을 복원하였다.

에피소드 2 돌을 높게 쌓아 평양성을 만들어요.

백제가 공격해 패배하여 고구려의 마지막 도읍지가 된 평양성을 만들어요.

◉ 완성파일 : 12강 평양성.lxf

① 문을 만들기 위해 [블럭 팔레트]( )에서 'WALL 1×4×5' 블럭을 찾아 그림과 같이 나란히 연결한 후 색상도 바꿔요.

'WALL 1×4×5' ( )

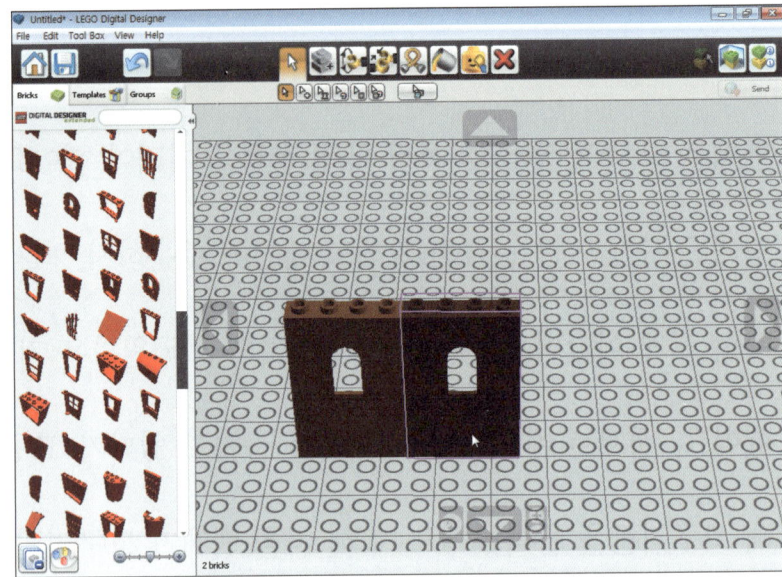

② 돌담을 쌓기 위해 [블럭 팔레트]( )에서 'BRICK (2×3) (2×2)' 블럭을 찾아 연결한 후 그림과 같이 블럭의 색상을 다르게 선택해 돌담을 표현해요.

'BRICK (2×3)' ( ),
'BRICK (2×2)' ( )

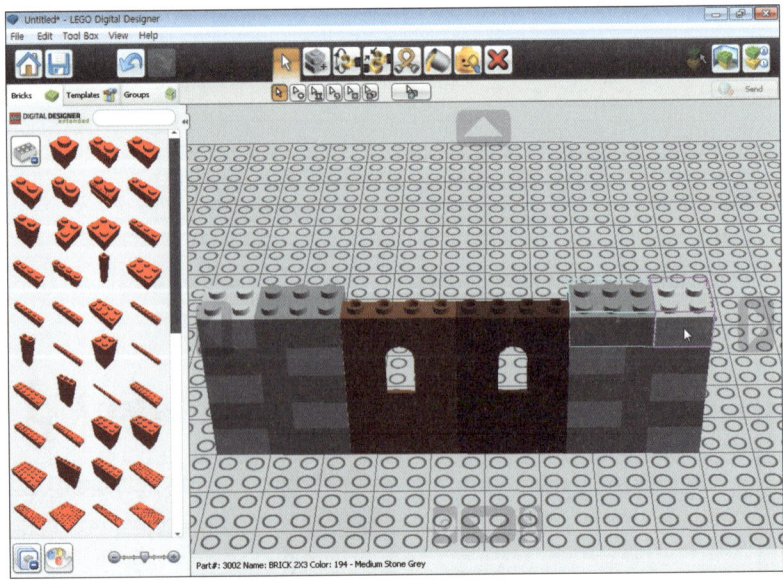

12강 | 고구려의 마지막 도읍지 평양성

③ [블럭 팔레트]( )에서 'BRICK 2×2' 블럭 3개를 쌓아 올린 후 [블럭 팔레트]( )에서 'ROOF TILE 2×2×3' 블럭을 찾아 그림과 같이 연결해요.

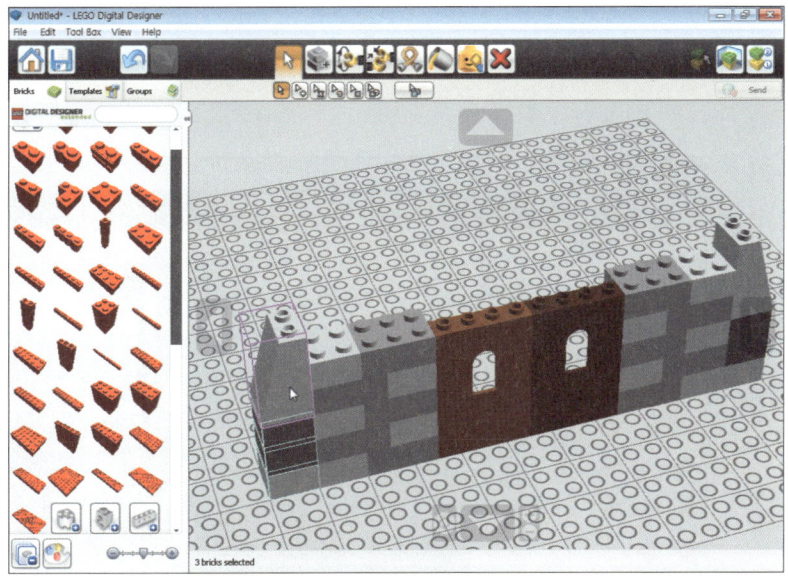

'BRICK (2×2)' ( ),
'ROOF TILE 2×2×3' ( )

④ 돌담을 쌓아 성벽을 완성하기 위해 [블럭 팔레트]( )에서 'BRICK 2×6' 블럭 3개를 한 줄로 연결해요.

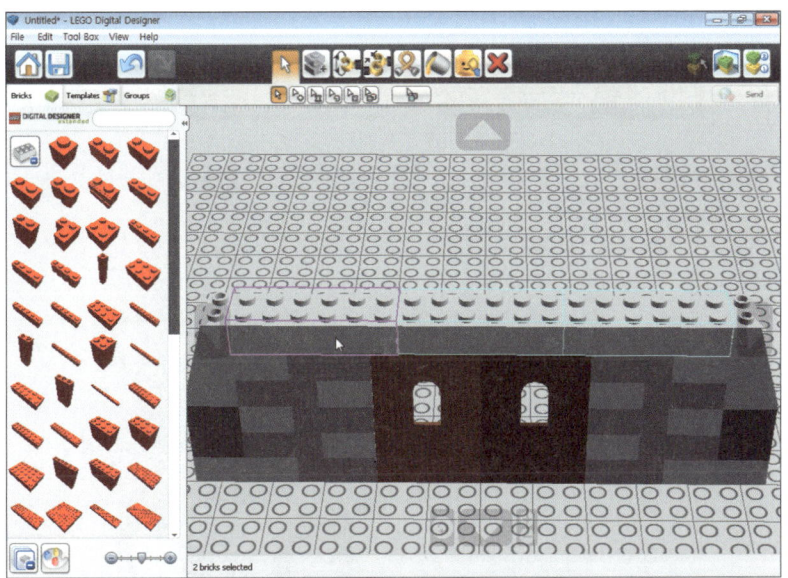

'BRICK 2×6' ( )

에피소드 3 평양성을 지키는 고구려 군사

왜군이 침략하지 못하도록 성문 앞을 지키는 군사들을 만들어요.

① 평양성을 완성하기 위해 [블록 팔레트]()에서 'FENCE 1×6 ×2' 블록 3개를 연결한 후 깃발 모양의 블록을 찾아 그림과 같이 연결해요.

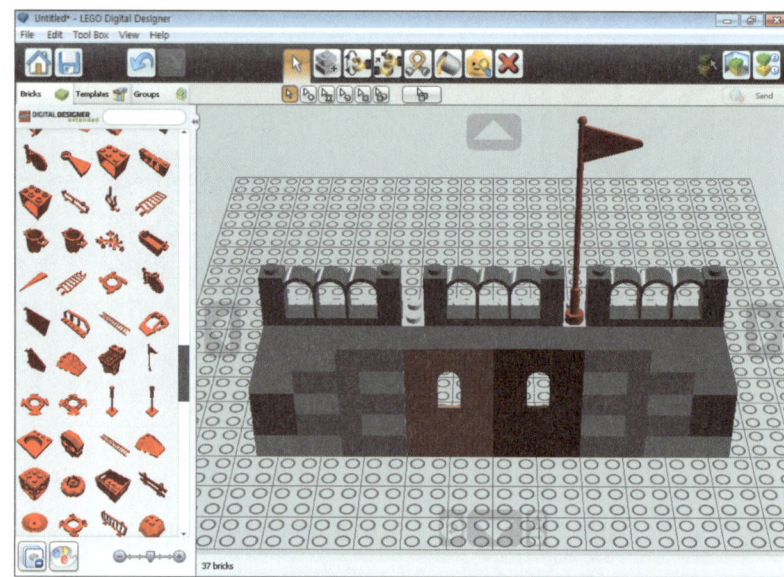

'FENCE 1×6×2' (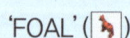)

② 말을 타고 있는 군사를 만들기 위해 [블록 팔레트]()에서 'FOAL' 블록을 연결한 후 레고 피규어를 만들어 군사를 표현해요.

'FOAL' ()

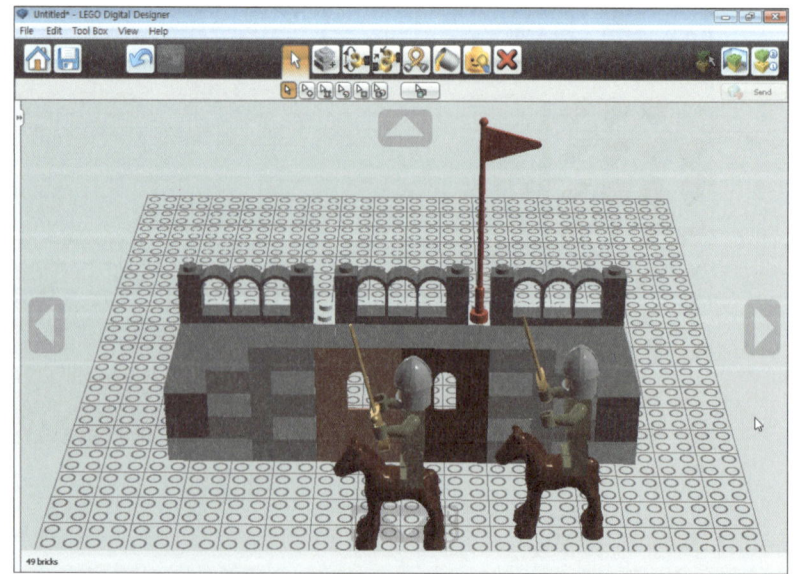

, , , 블록 팔레트를 이용해 피규어를 만들어요.

74

혼자서 해보기

① 평양성을 지키는 고구려 군사들을 만들어요.

◎ 완성파일 : 12강 예제1.lxf

■ 블럭 팔레트 :

② 평양성을 공격하는 백제군을 멋지게 물리치는 고구려 군사들을 만들어요.

◎ 완성파일 : 12강 예제2.lxf

■ 블럭 팔레트 :

13 세계최초로 만든 측우기

학습 목표
- 세종 때 만들어진 측우기의 기능을 알아봅니다.
- 강우량을 측정할 수 있는 측우기를 만들어봅니다.

___월 ___일 ___타수

놀랍도다.

전하, 이제는 가뭄과 홍수를 예측하여 대비할 수 있사옵니다.

1 타자연습

세종 때 만들어진 측우기의 기능을 알아보기 위해 타자연습에서 한국사 이야기를 연습해요.

◉ 연습파일 : 13강 타자연습.txt

조선 세종 이후부터 말기에 이르기까지 강우량을 측정하기 위하여 쓰인 기구로 세종 때 호조가 측우기를 설치할 것을 건의하여, 다음 해에는 측우에 관한 제도를 새로 제정하고 측우기를 만들어 서울과 각 도의 군현에 설치했어요. 원래 측우기가 쓰이기 이전에는 각 지방의 강우량 분포를 알아내는 데 매우 불편했어요. 비가 내림으로써 흙 속 깊이 얼마나 빗물이 스며들었는지를 일일이 조사해 보아야 하는데, 이때 흙에는 마르고 젖음이 같지 않아 강우량을 정확히 알아낼 수가 없었어요. 그런데 측우기는 일정 기간 그 속에 괸 빗물의 깊이를 측정하여 그곳의 강우량을 확인했기 때문에 훨씬 정확한 강우량을 측정할 수 있게 되었어요.

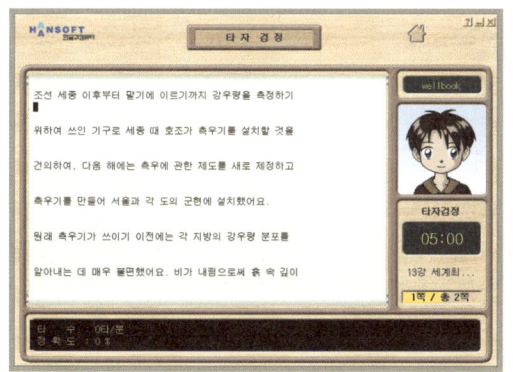

▲ 실습예제

궁금해요

측우기는 조선 시대에 강우량 분포를 측정하던 기구로서, 세계 최초의 강우량 측정기이다. 조선 세종 때 처음 만들어 전국에 보급·시행하였다. 2010년 5월 현재 1837년 공주에 있었던 충청감영에서 제작된 금영측우기만이 남아 있으며, 정조 때부터 고종 때까지의 관측 기록이 보존되어 있다.

에피소드 2 측우기를 만들어요.

강우량을 측정해 홍수에 대비할 수 있는 측우기를 만들어요.

① 측우기를 만들기 위해 '물질 바'에서 [고체]()를 클릭한 후 탭에서 [IRON] 물질을 선택해요.

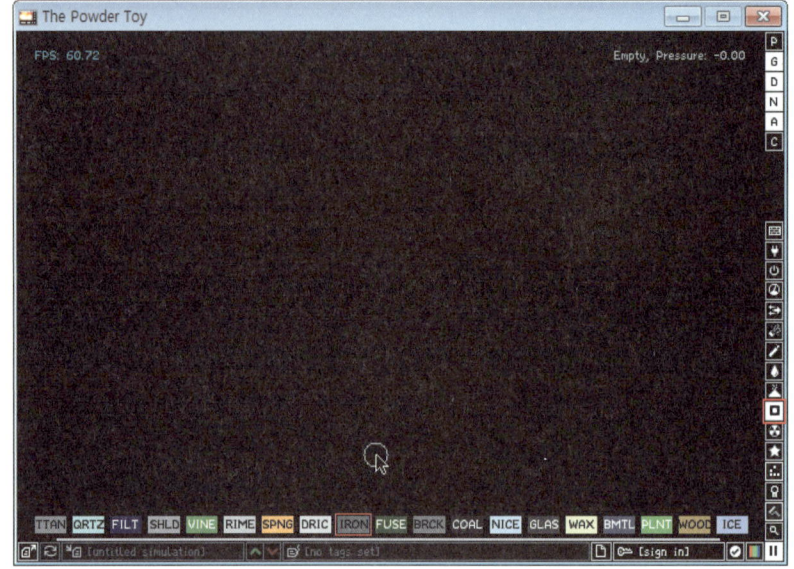

② 원형 브러쉬 모양을 사각형으로 변경하기 위해 Tab 을 눌러 변경한 후 마우스 스크롤을 여러 번 위로 올려 브러시의 굵기를 굵게 변경하여 '큰 사각형'을 만들어요.

③ '작은 사각형'을 만들기 위해 마우스 스크롤을 여러 번 아래로 내려 브러시의 굵기를 얇게 변경하여 그림과 같은 위치에서 클릭해요.

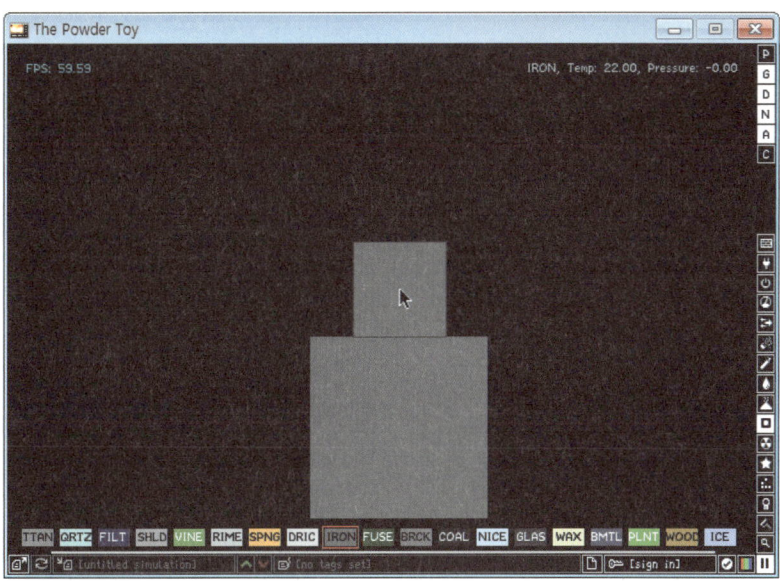

④ 물을 받는 곳을 만들기 위해 '마우스 스크롤'을 아래로 내려 그림과 같이 사각형을 작게 만든 후 '마우스 오른쪽' 버튼을 여러 번 클릭해 지워요.

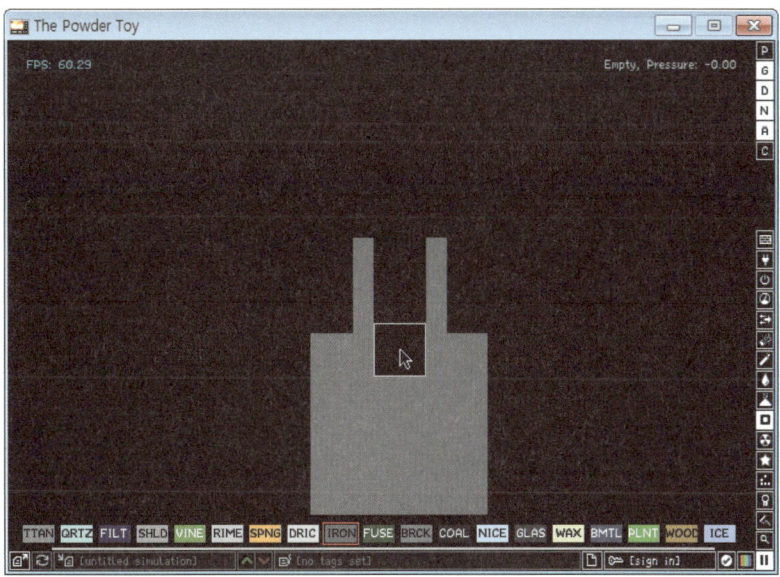

 빗물을 측정해요.

완성된 측우기에 빗물을 모으기 위해 비를 만들고 시뮬레이션을 실행해 빗물이 고이는 장면을 실험해요.

① 키보드의 Tab 을 눌러 원형 브러시로 변경한 후 [액체](🔥)를 클릭한 후 탭에서 [WATR] 물질을 선택해 비오는 장면을 만들어요.

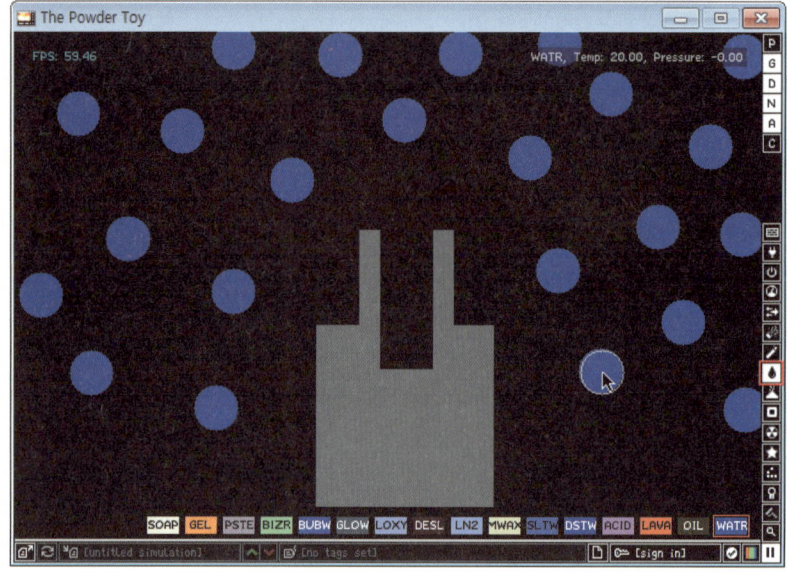

② 측우기에 빗물이 모이는 장면을 관찰하기 위해 '시뮬레이션 실행/정지' 버튼을 클릭해요

- 시뮬레이션 실행 버튼 ▐▐
- 시뮬레이션 정지 버튼 ▐▐

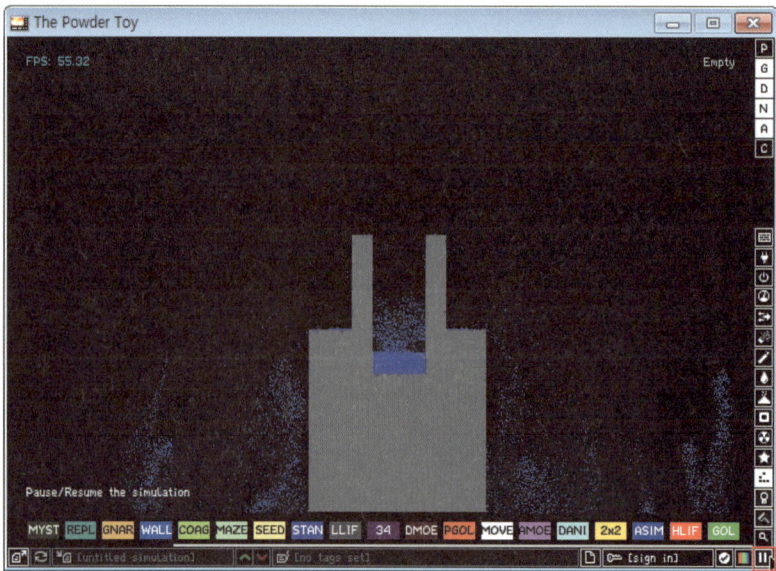

혼자서 해보기

① 물질을 이용하여 '정수기'를 만든 후 물질의 반응을 살펴요.

■ 실험 물질 : • [고체](■)-[IRON]　　• [액체](■)-[WATR]

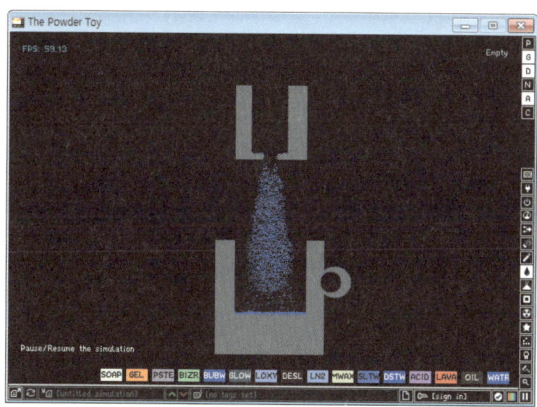

② 물질을 이용하여 '물병'을 만든 후 물질의 반응을 살펴요.

■ 실험 물질 : • [전기](■)-[METL]　　• [액체](■)-[WATR]

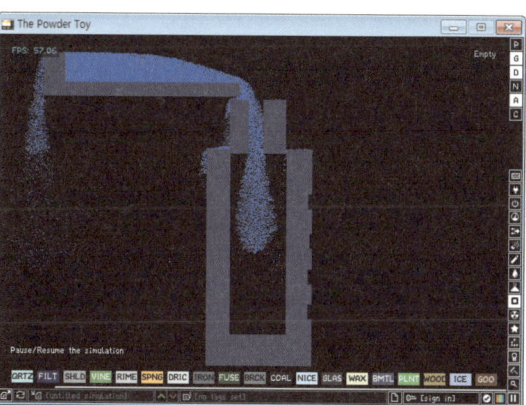

14 우리 나라 최초로 화약을 만든 최무선

학습 목표
- 고려 시대에 화약 무기가 필요했던 이유를 알아봅니다.
- 최무선처럼 화약 무기를 발명해 봅니다.

월	일	타수

너무 세게 찧으면 터지오. 살살하시오~

살살하겠소~

에피소드 1 타자연습

고려 시대에 화약 무기가 필요했던 이유를 알아보기 위해 타자연습에서 한국사 이야기를 연습해요.

● 연습파일 : 14강 타자연습.txt

우리나라에 화약 무기가 처음 들어온 것은 고려 시대인 14세기 무렵. 당시 왜구의 약탈에 시달리던 고려는 새로운 무기를 발명하는 데 온 힘을 쏟았어요. 그러던 중에 최무선이 중국에서 화약 무기 제조법을 배워 왔고, 덕분에 20여 종의 다양한 신무기가 탄생했어요. 초기의 화약 무기는 폭발력을 이용해 거대한 화살이나 돌덩이를 발사하는 형태였어요. 파괴력이 그리 크지는 않았지만, 엄청난 폭발음은 적에게 매우 큰 위협이었답니다. 당시 화약은 색이 까매 '흑색 화약'이라 불렀는데 화약 무기를 한번 쏘면 주변이 온통 검은 연기로 뒤덮이곤 했다고 해요.

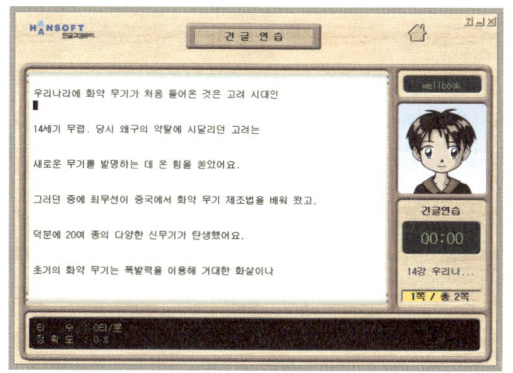

▲ 실습예제

 궁금해요

최무선은 고려 말과 조선 초의 무신, 과학자, 화약 발명가로, 본관은 영주이다. 고려 말과 조선 초에 화약을 제조하여 왜구 격퇴에 기여하였다. 그는 한국에서 처음으로 화약에 쓰는 염초 개발법을 익혔으며, 화약과 화약을 이용한 무기를 제조했고, 새로운 발사기구를 발명하였다.

2 화약 무기를 발명해요.

파괴력은 크고 폭발음이 적은 신무기를 발명해요.

① 화약 무기를 만들기 위해 [전기](🔌)를 클릭한 후 탭에서 [METL] 물질을 선택하고 그림과 같이 Shift 를 누르고 드래그하여 사각형을 만들어요.

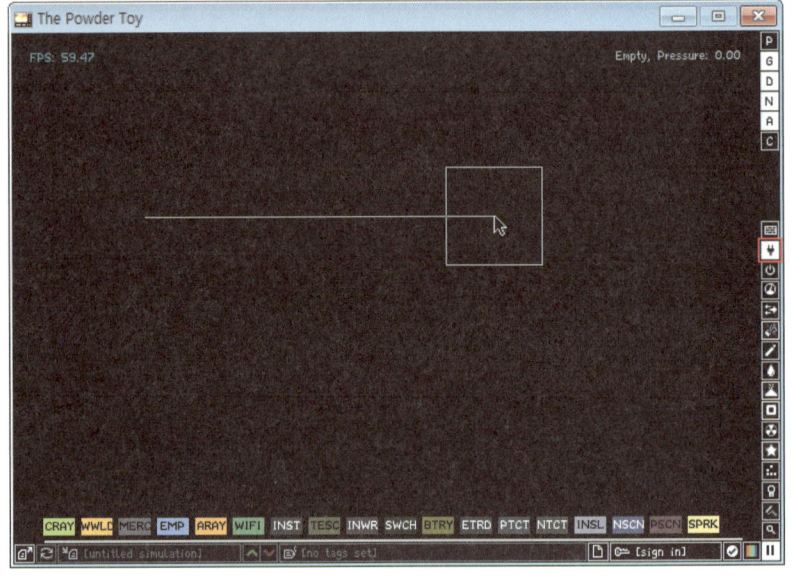

② [METL] 물질이 선택된 상태에서 Shift 를 누르고 그림과 같이 드래그해요.

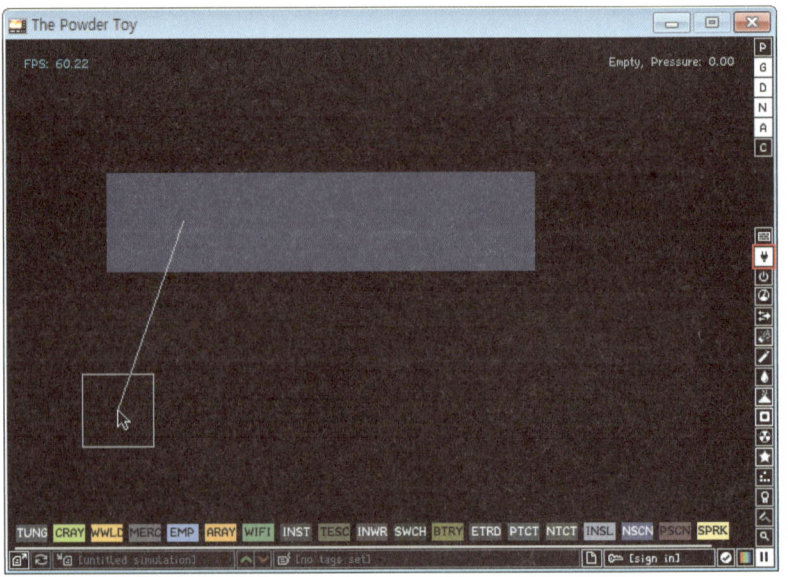

14강 | 우리 나라 최초로 화약을 만든 최무선

③ 브러쉬 모양을 '원형'으로 변경한 후 그림과 같은 위치에서 클릭한 후 '마우스 스크롤'을 아래로 '세 번' 내린 후 '마우스 오른쪽' 버튼을 클릭하여 테두리만 있는 동그라미를 만들어요.

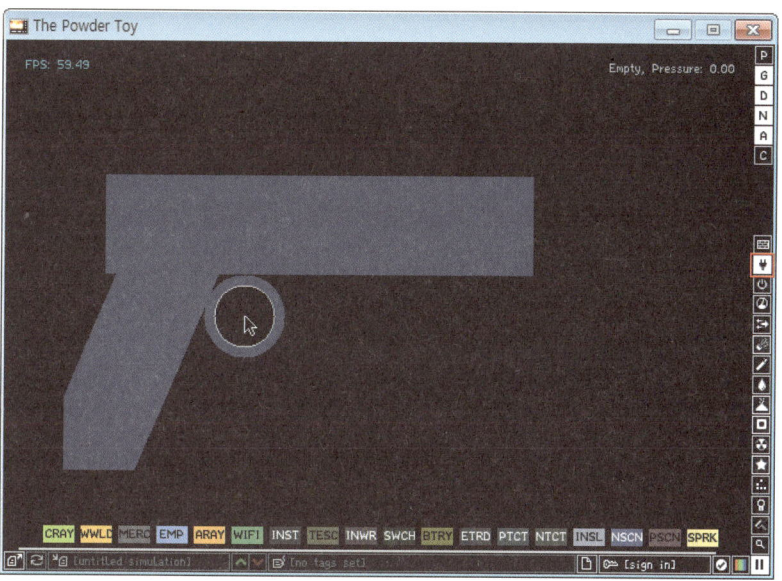

④ 화약을 넣기 위해 브러쉬 모양을 '사각형'으로 변경한 후 그림과 같은 위치에서 '마우스 오른쪽' 버튼을 클릭하여 삭제해요.

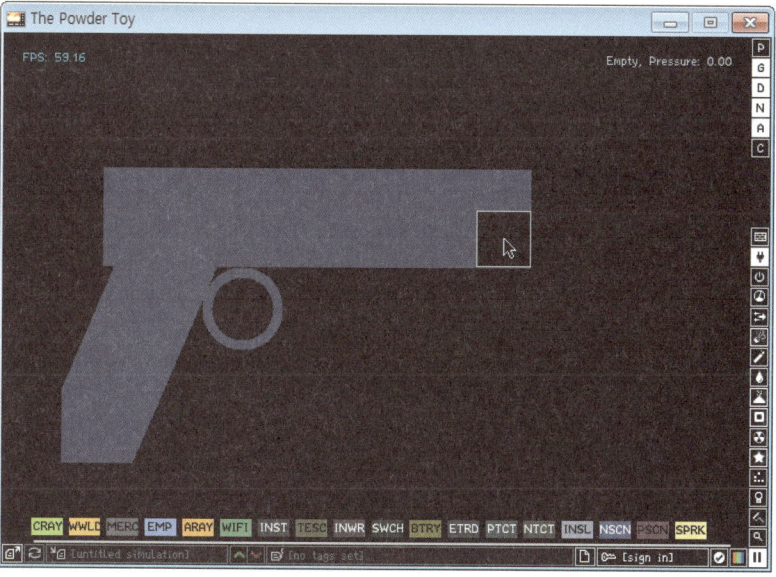

3 화약으로 만든 신무기를 완성해요.

파괴력은 크고 폭발음이 적은 신무기를 발명해요.

① 완성된 '신무기'를 실험하기 위해 [폭발물]( ) 탭에서 [BOMB], [FIRE] 물질을 선택해 그림과 같은 위치에 만들어요.

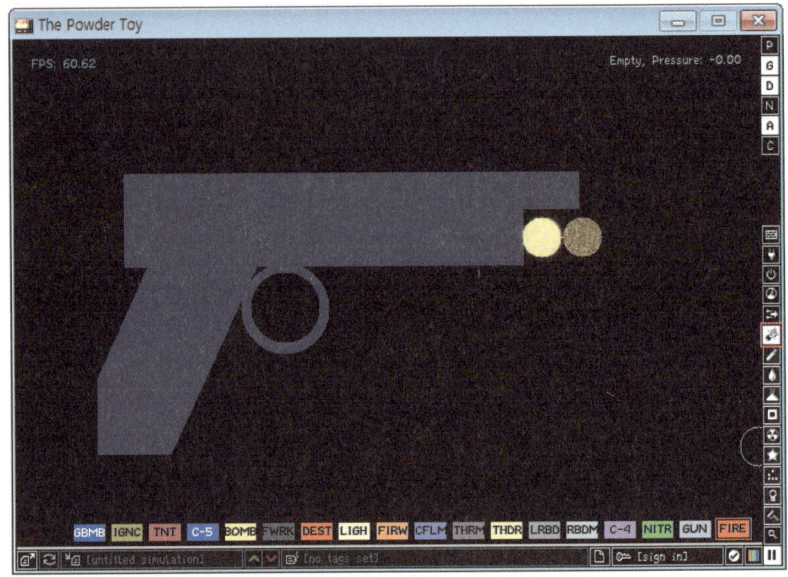

② 신무기의 폭발력을 관찰하기 위해 '시뮬레이션 실행/정지' 버튼을 클릭해요

- 시뮬레이션 실행 버튼 ▐▐
- 시뮬레이션 정지 버튼 ▐▐

혼자서 해보기

① 물질을 이용하여 '신무기'를 만든 후 물질의 반응을 살펴요.

■ 실험 물질 : • [고체](■)-[METL]   • [폭발물](■)-[BOMB], [FIRE]

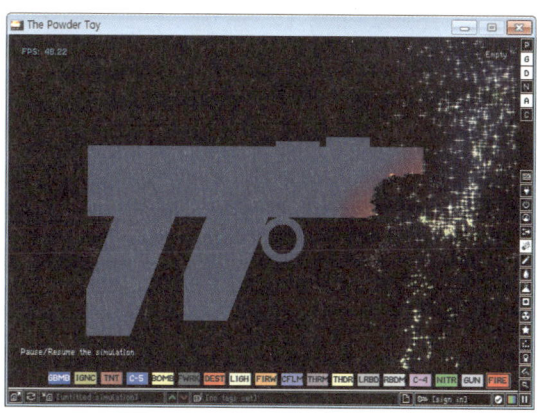

② 물질을 이용하여 더욱더 강력한 '신무기'를 만든 후 물질의 반응을 살펴요.

■ 실험 물질 : • [고체](■)-[BTRY]   • [폭발물](■)-[GBMB], [BOMB], [FIRE]

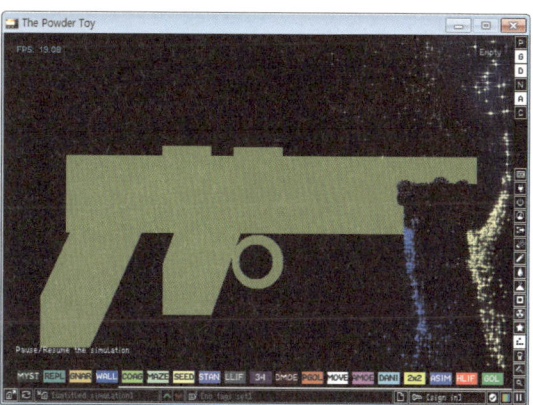

 **15 윤봉길의사의 물통폭탄**

 학습 목표
- 조국을 지킨 윤봉길 의사에 대해 알아봅니다.
- 윤봉길 의사가 사용한 폭탄을 만들어봅니다.

월	일	타수

조국은 내가 지킨다.

에피소드 1 타자연습

조국을 지킨 윤봉길 의사에 대해 알아보기 위해 타자연습에서 한국사 이야기를 연습해요.

◉ 연습파일 : 15강 타자연습.txt

윤봉길 의사는 백범 김구 선생을 만나게 됩니다. 그리고 한 소식을 듣게 됩니다. '일왕의 생일을 상해 공원에서 할 예정이다.' 라는 소식이었지요. 이 기회를 놓치지 않기로 마음먹었어요. 최후의 준비를 한 후 일왕에게 던지기 위한 폭탄, 그리고 거사 후 자결하기 위한 자결용 폭탄까지 마련한 후 공원으로 갔어요. 일본 국가가 거의 끝나갈 무렵, 의사는 폭탄의 안전핀을 빼고 단상 위로 폭탄을 던졌어요. 큰 소리와 함께 폭탄은 시라카와 대장과 카와바다를 사망하게 하였어요. 직후 체포된 윤봉길 의사는 가혹한 고문 끝에 일본에서 총살당해 25세의 나이로 순국하고 말았어요.

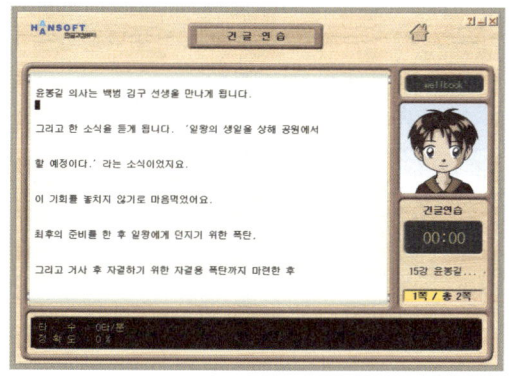

▲ 실습예제

 궁금해요

중국 상하이에서 중국인들을 대상으로 야채장사를 하던 그는 1931년 겨울 대한민국 임시정부의 국무령인 김구를 찾아, 독립운동에 몸바칠 각오임을 호소해 그가 주도하는 한인애국단에 가입했다. 김구는 1932년 4월 29일 상하이의 홍커우 공원에서 열리는 일본 일왕의 생일연과 상하이 점령 전승 기념 행사를 폭탄으로 공격할 계획을 세웠으며 협의 끝에 윤봉길이 폭탄을 투척하기로 결의하였다.

2 조국을 위해 사용한 폭탄을 만들어요.

윤봉길 의사가 조국을 지키기 위해 사용한 폭탄을 직접 만들어요.

① 폭탄을 만들기 위해 '물질 바'에서 [방사능]( )을 클릭한 후 [PLUT] 물질을 선택하여 그림과 같은 크기로 만들어요.

마우스 스크롤을 여러 번 위로 올려 브러쉬의 굵기를 변경해요.

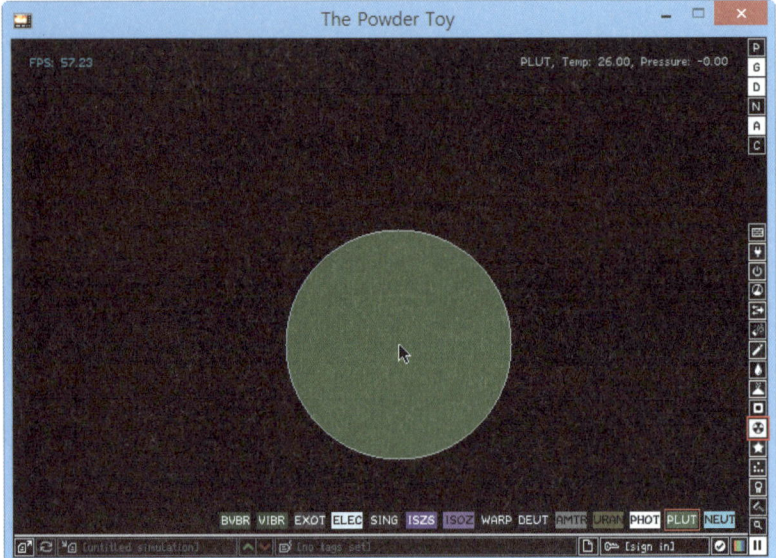

② 다른 물질을 삽입하기 위해 '마우스 스크롤'을 여러 번 아래로 내려 굵기를 얇게 변경한 후 '마우스 오른쪽' 버튼을 클릭해 삭제해요.

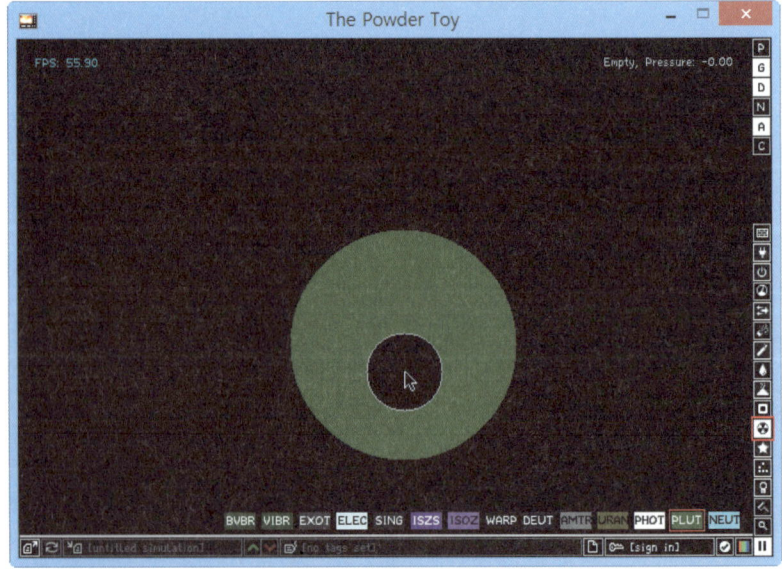

15강 | 윤봉길의사의 물통폭탄

③ [방사능](⚛) 탭에서 [NEUT] 물질을 선택한 후 삭제된 부분을 클릭해 물질을 넣어요.

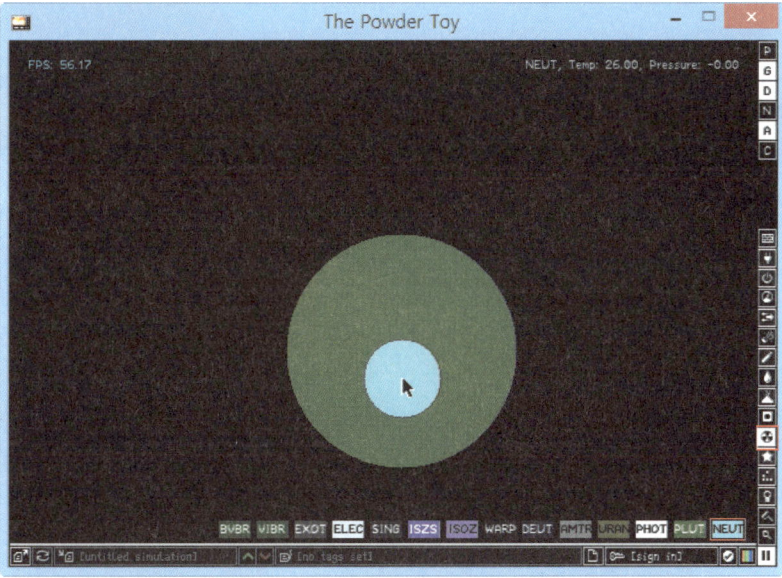

④ 브러쉬 모양을 '사각형'으로 변경한 후 [방사능](⚛)) 탭에서 [ISOZ] 물질을 선택해 그림과 같은 위치에서 클릭해요.

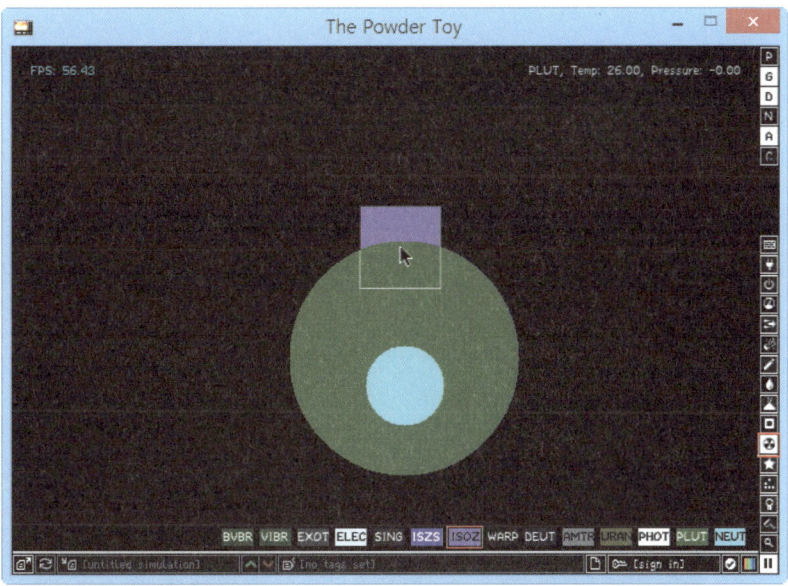

3 물통 모양의 폭탄을 완성해요.

폭탄을 완성한 후 방사능 물질로 만든 폭탄이 어떤 파괴력을 갖고 있는지 실험해요.

① 폭탄을 완성하기 위해 '원형' 브러쉬로 변경한 후 [방사능] (🟢) 탭에서 [PHOT] 물질을 선택하여 그림과 같이 그려요.

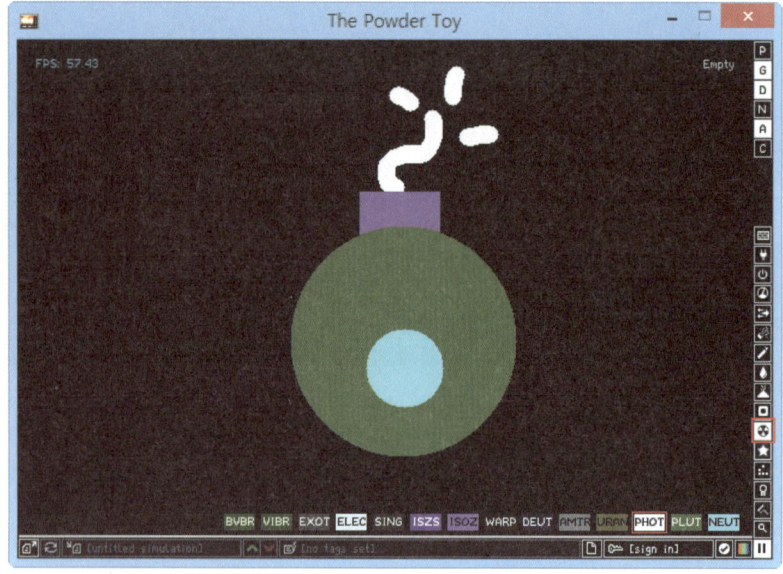

② 준비된 실험이 어떤 반응을 일으키는지 알아보기 위해 '시뮬레이션 시작/정지' 단추를 클릭해요.

- 시뮬레이션 실행 버튼 ▶
- 시뮬레이션 정지 버튼 ‖

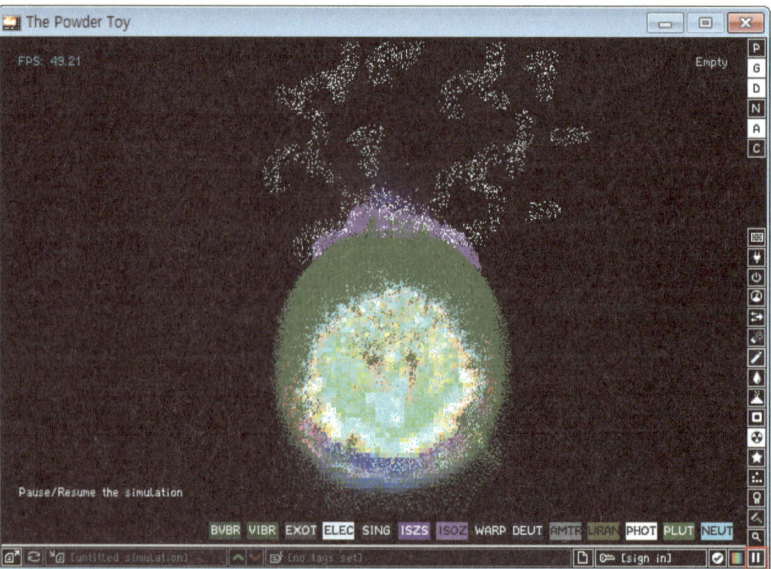

① 물질을 이용하여 '다이너마이트'를 만든 후 물질의 반응을 살펴요.

■ 실험 물질 : •[방사능](📷)–[PLUT], [NEUT]   •[폭발물](📷)–[FIRE]

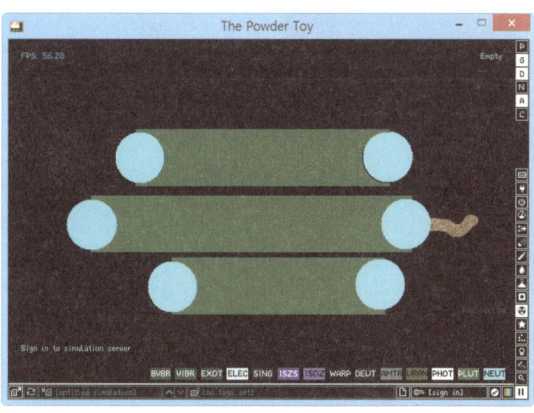
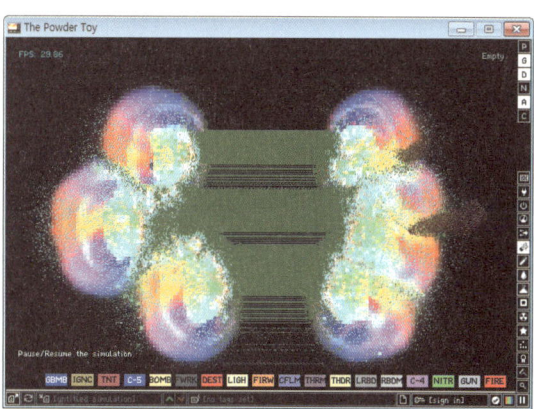

② 물질을 이용하여 '폭탄 풍선'을 만든 후 물질의 반응을 살펴요.

■ 실험 물질 : [방사능](📷)–[PLUT], [NEUT], [ISOZ]

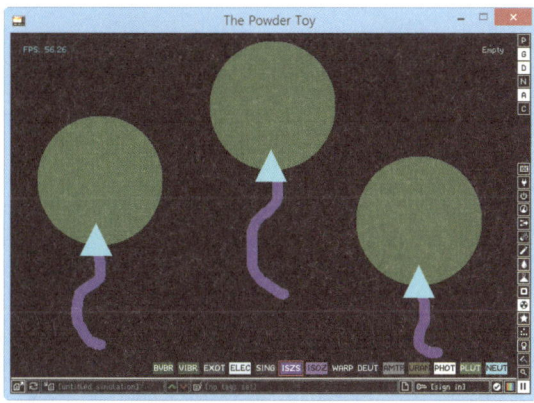
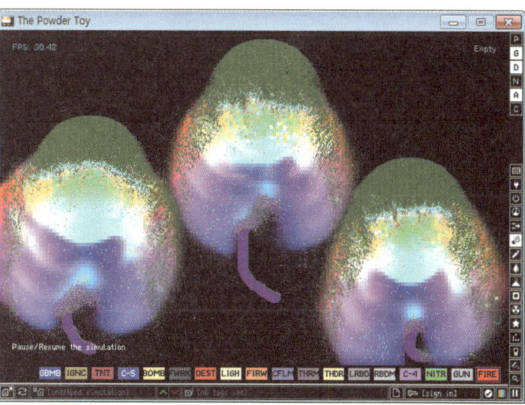

16 목화 꽃이 활짝 피었습니다!

학습 목표
- 문익점이 고려에 목화씨를 들여온 이유에 대해 알아봅니다.
- 목화씨가 목화 꽃으로 활짝 피어나게 만들어봅니다.

| 월 | 일 | 타수 |

이젠 목화 덕에 추위 걱정 없습니다.

에피소드 1 타자연습

문익점이 고려에 목화씨를 들여온 이유에 대해 알아보기 위해 타자연습에서 한국사 이야기를 연습해요.

● 연습파일 : 16강 타자연습.txt

문익점이 원나라로부터 들여온 목화씨가 탐스러운 꽃을 피웠어요. 경남 산청에서 실험 재배에 들어간 지 꼭 3년째. 탐스럽게 피어난 목화꽃은 온 들판을 가득 메워 구경 나온 주민들의 얼굴을 더욱 환하게 만들었어요. 그동안 고려인들은 여름에는 삼베 등으로 짠 베옷을 입고 지냈으나 겨울에는 마땅한 옷감이 없어 추운 겨울을 보내야 했어요. 하지만 문익점이 고려에 처음으로 목화씨를 들여옴으로써 고려인들의 의복에 일대 혁명을 일으켰어요.

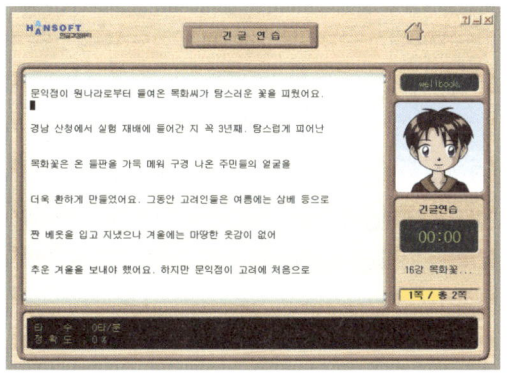

▲ 실습예제

궁금해요

문익점은 1329년 2월 경상남도 산청의 강성현에서 문숙선의 아들로 태어났다. 본관은 남평이다. 문익점의 생년은 다소 불확실하여 1328년생 설과 1331년생 설, 1332년생 설 등이 전한다. 그의 첫 이름은 익첨이었다가 뒤에 익점으로 개명하였다. 자는 일신, 호는 삼우당이다. 아버지 문숙선은 과거 시험에는 합격하였으나 관직에 나가지 않았다.

2 화분에 목화씨를 심어요.

문익점이 원나라로부터 들여온 목화씨를 화분에 정성껏 심어 꽃을 피울 수 있게 만들어요.

① 화분을 만들기 위해 [고체](🔲) 탭에서 [GOO] 물질을 선택한 후 키보드의 Shift 를 누르고 그림과 같이 드래그해요.

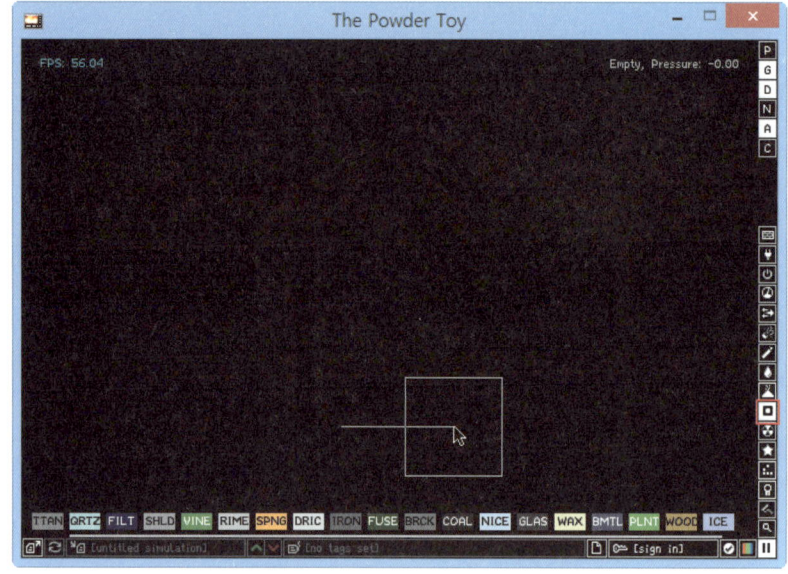

② '사각형'을 '사다리꼴'로 만들기 위해 브러쉬를 '삼각형'으로 변경한 후 그림과 같은 위치에서 '마우스 오른쪽' 버튼을 클릭해 삭제해요.

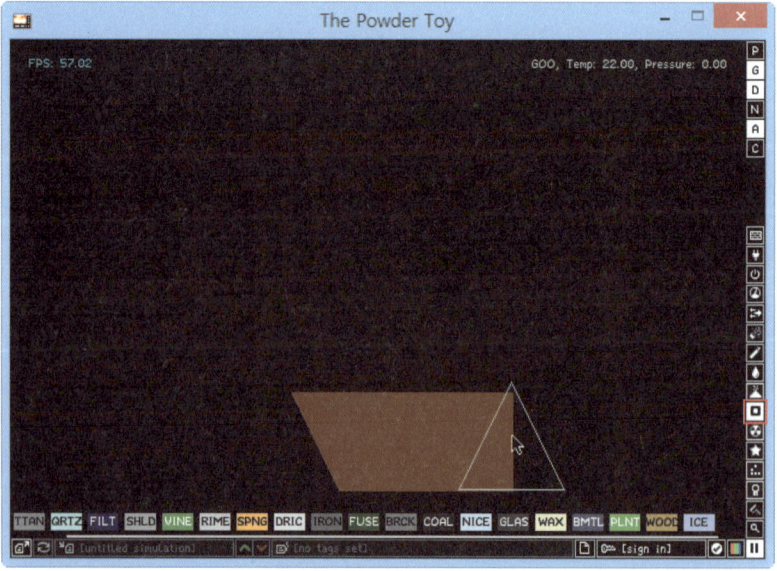

③ 화분에 나무를 만들기 위해 [고체](□) 탭에서 [WOOD] 물질을 선택한 후 키보드의 Shift 를 누르고 그림과 같이 드래그해요.

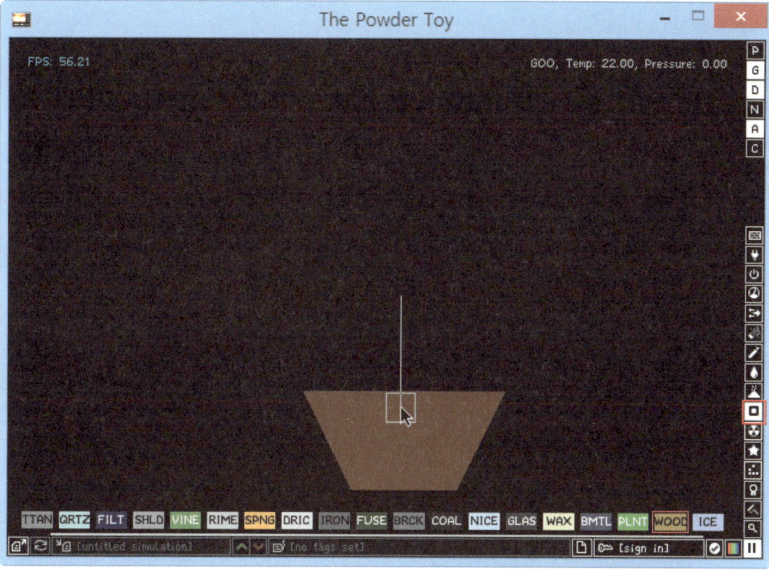

④ '원형' 브러쉬로 변경한 후 [고체](□) 탭에서 [PLNT] 물질을 선택하여 그림과 같이 3개의 '원형'으로 봉우리를 만들고, '삼각형' 브러쉬로 변경한 후 [VINE] 물질을 선택해 그림과 같은 위치에 클릭해요.

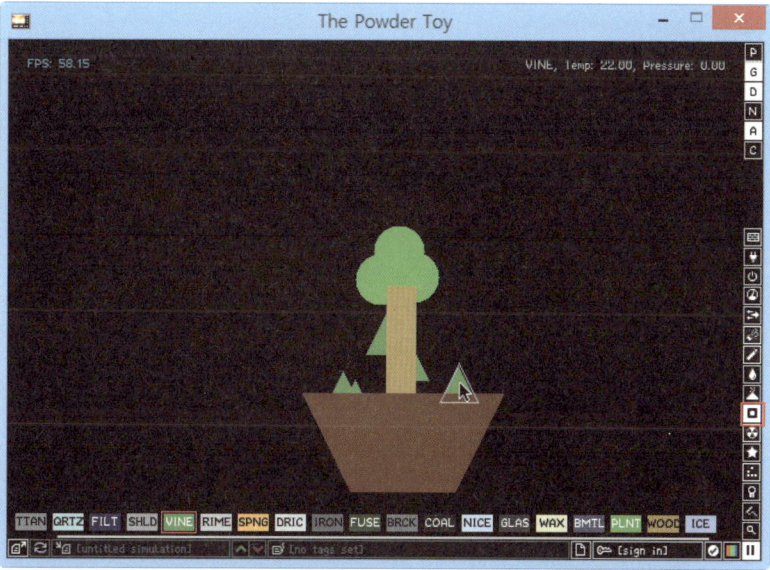

3 하늘에 구름을 만들어요.

구름 속에는 숨어 있는 물을 이용해 완성된 식물이 자라는 모습을 관찰해요.

① 구름을 만들기 위해 [액체](🔥) 탭에서 [WATR] 물질을 선택한 후 '원형' 브러쉬를 이용해 구름을 만들어요.

② 화분 속 식물이 자라는 모습을 관찰하기 위해 '시뮬레이션 시작/정지' 단추를 클릭해요.

- 시뮬레이션 실행 버튼 ▶
- 시뮬레이션 정지 버튼 ▮▮

혼자서 해보기

① 물질을 이용하여 곰돌이 모양의 '토피어리'를 만든 후 물질의 반응을 살펴요.

- 실험 물질 : • [고체](■)-[WOOD], [PLNT] • [액체](◆)-[WATR]

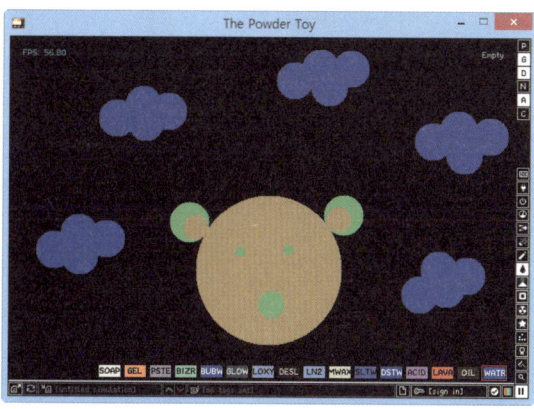
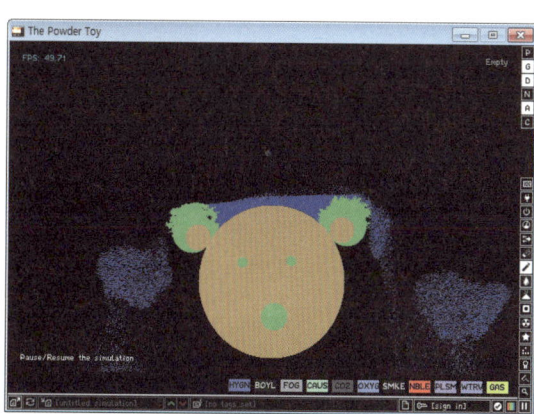

② 물질을 이용하여 '이글루'를 만든 후 물질의 반응을 살펴요.

- 실험 물질 : • [고체](■)-[ICE], [VINE] • [액체](◆)-[WATR]

17 한글수비대를 만나요.

학습 목표
- 우리말 게임을 통해 한글 실력을 뽐내봅니다.
- 주시경이 사랑한 한글의 올바른 맞춤법을 알아봅니다.

에피소드 1 타자연습

한글을 사랑한 주시경에 대해 알아보기 위해 타자연습에서 한국사 이야기를 연습해요.

● 연습파일 : 17강 타자연습.txt

주시경은 "나라는 잃었지만, 우리글을 살리는 일은 포기할 수 없었소!"라고 외쳤던 한글을 가장 사랑한 남자입니다.

주시경은 한문을 배우던 중 우리글처럼 쉬운 글을 배우지 않고 어려운 한문만 배우는 것을 못마땅하게 여겼어요. 주시경은 일본에 나라를 빼앗긴 설움 속에서도 쉬운 우리글을 모든 사람이 깨쳐 나라를 되찾는 일에 나서야 한다며 한글 가르치는 데 이생을 바쳤어요.

주시경은 독립신문에서 회계와 교정보는 일을 맡기도 한 우리글 연구가이자 언론인으로 1910년, 우리글 문법을 쉽게 정리한 국어 문법을 지은 저자이기도 합니다.

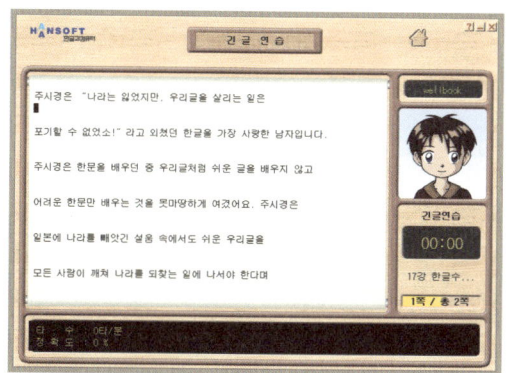

▲ 실습예제

 궁금해요

'한글'이라는 낱말을 만드는 등 한국어 연구에 큰 공헌을 하였으며, 별명이 보통이 선생일 정도로 한국어연구에 최선을 다했다. 현대 국어의 기틀을 마련하였으며, 한글의 보급과 연구 및 근대화에 힘을 쏟았다. 그 때문에 오늘날 한국이 한글을 공식적으로 쓰게 된다.

 ## 도깨비 대왕과 한글 수비대

우리가 사용하고 있는 한글이 올바르게 쓰이고 있는지 알아보기 위해 한글 수비대를 만나요.

① 한글 수비대를 만나기 위해 '검색창'에서 '디지털 한글박물관'을 입력하고 Enter 를 클릭해요.

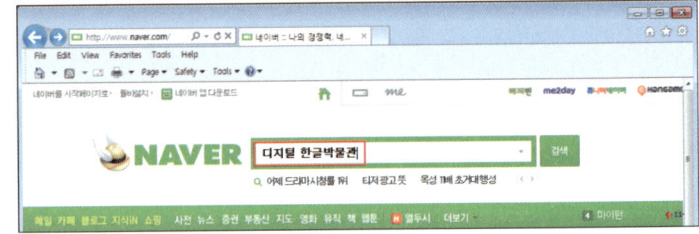

② 그림과 같이 바로가기에 나타난 '디지털 한글박물관'을 클릭해요.

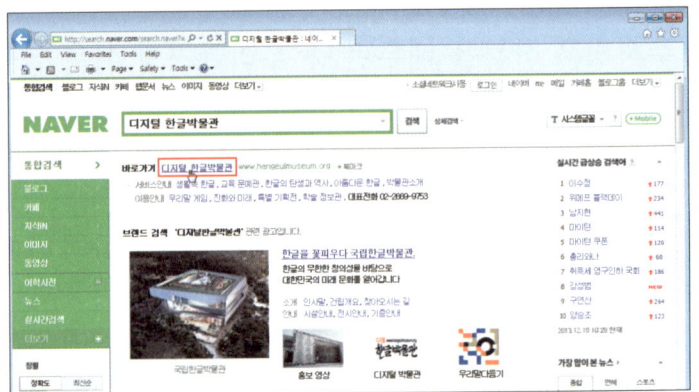

③ 한글 수비대를 만나기 위해 '상단 메뉴'에서 '우리말 게임'을 클릭해요.

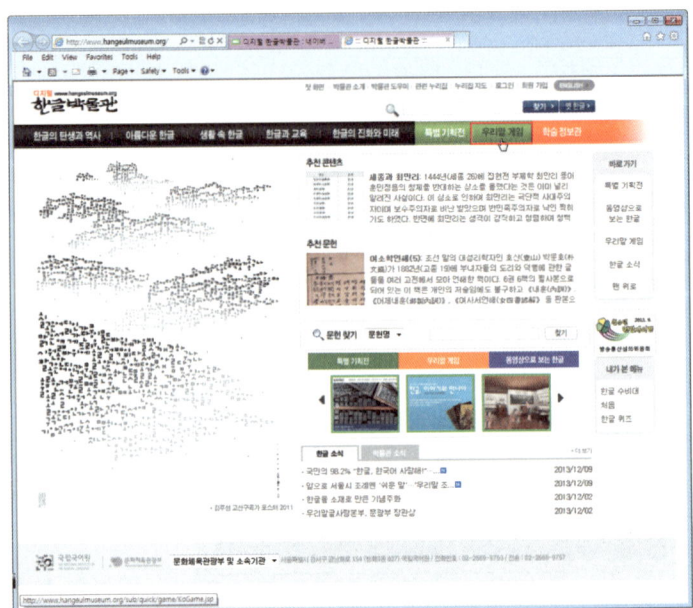

17강 | 한글수비대를 만나요.

④ 한글 수비대가 나타나면 '바로 시작'을 클릭한 후 '도깨비 감옥'을 선택해요.

⑤ 마우스를 이용해 도깨비 왕자를 움직여 제시되어 있는 단어에 어울리는 단어를 클릭해 맞는 위치에 옮기세요.

3 우리말 겨루기

친구들과 퀴즈 대회에 참가해 그동안 배운 한글 실력을 뽐내요.

① 우리말을 겨루기 위해 상단 탭에서 '한글 퀴즈' 탭을 선택한 후 '게임 시작'을 클릭해요.

② 게임에 참가할 사람을 선택한 후 객관식, 주관식, OX 퀴즈를 풀어요.

주어진 시간 안에 문제를 풀지 못하면 다음 문제로 넘어갑니다.

① 방향키를 이용해 주인공을 상·하로 움직여 제시 된 문장 중 바르게 쓰인 문장을 찾아 Space Bar 를 눌러 주세요.

② 맞춤법 실력을 길러주기 위해 '바쁘다 바빠'를 선택한 후 키보드의 [좌], [우] 방향키로 주인공을 움직여 맞춤법에 맞는 말이 적힌 책을 받아요.

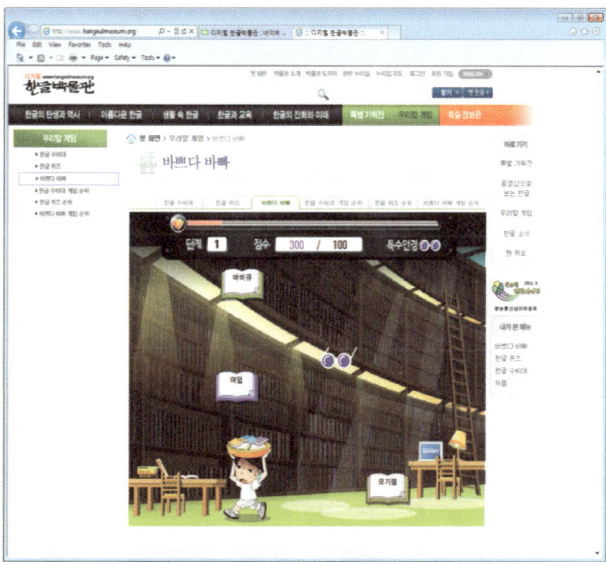

18 3.1 운동의 그날! 태극기 휘날리며

학습 목표
- 유관순 여사의 3.1 운동 이야기를 알아봅니다.
- 우리나라의 국기 태극기를 만들어봅니다.

월	일	타수

대한 독립 만세~

대한 독립 만세~

에피소드 1 타자연습

유관순 여사의 3·1 운동 이야기를 알아보기 위해 타자연습에서 한국사 이야기를 연습해요.

◉ 연습파일 : 18강 타자연습.txt

유관순은 화목한 가정에서 태어났어요. 유관순의 아버지는 대를 이어 그 마을에서 살아온 선비 집안의 후손이었어요. 아버지는 유관순을 서울로 보내어 신문학을 배우게 했어요.

이 무렵, 우리 겨레는 내 나라, 내 땅에서 마음 놓고 사는 것조차 힘들었어요. 그래서 모두가 독립을 애타게 바라며 하루하루를 고통 속에서 살고 있었어요. 그리하여 온 겨레가 마음을 합하여 일제히 독립을 외치게 되었어요. 1919년 3월 1일, 서울 탑골 공원에서 시작된 독립만세 운동이 바로 그것이었습니다. "대한 독립 만세!" 거리에는 태극기를 든 사람들의 행렬이 거대한 물결처럼 밀려들고 있었어요.

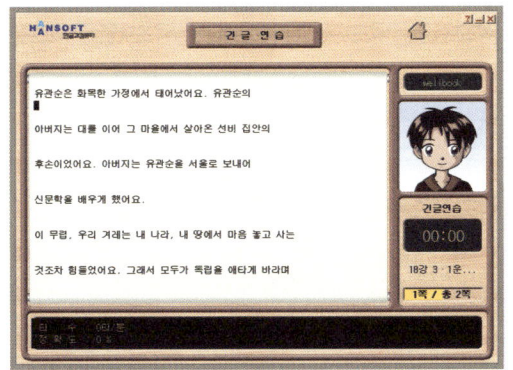

▲ 실습예제

궁금해요

3·1 운동 또는 3·1 만세 운동은 일제 강점기에 있던 한국인들이 일제의 지배에 항거하여 1919년 3월 1일 독립을 선언하고 만세운동을 시작한 사건이다. 기미독립운동 또는 3·1 인민봉기라고도 부른다. 대한제국 고종이 독살되었다는 고종 독살설이 소문으로 퍼진 것이 직접적 계기가 되었으며, 고종의 인산일인 1919년 3월 3일에 맞추어 한반도 전역에서 봉기한 독립운동이다.

에피소드 2 태극기를 그려요.

3·1 운동 당시 '대한 독립 만세!!'를 외치며 휘날렸던 우리나라 국기 태극기를 만들어요.

① [시작]-[모든 프로그램]-[보조프로그램]에서 [그림판]을 클릭한 후 [보기] 탭의 [표시 또는 숨기기] 그룹에 있는 [격자]()를 선택해요.

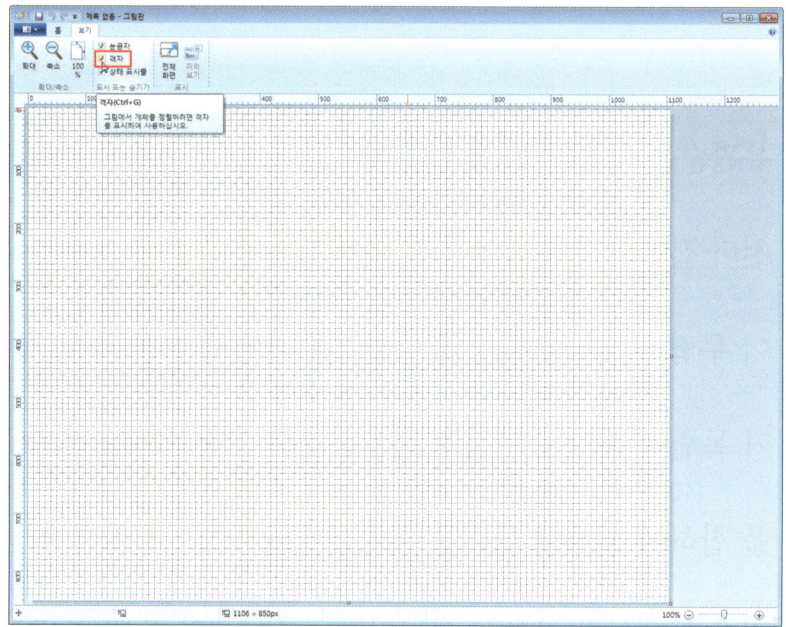

② [홈] 탭의 [도형] 그룹에서 [타원](◯)을 선택해 그림과 같이 그려요.

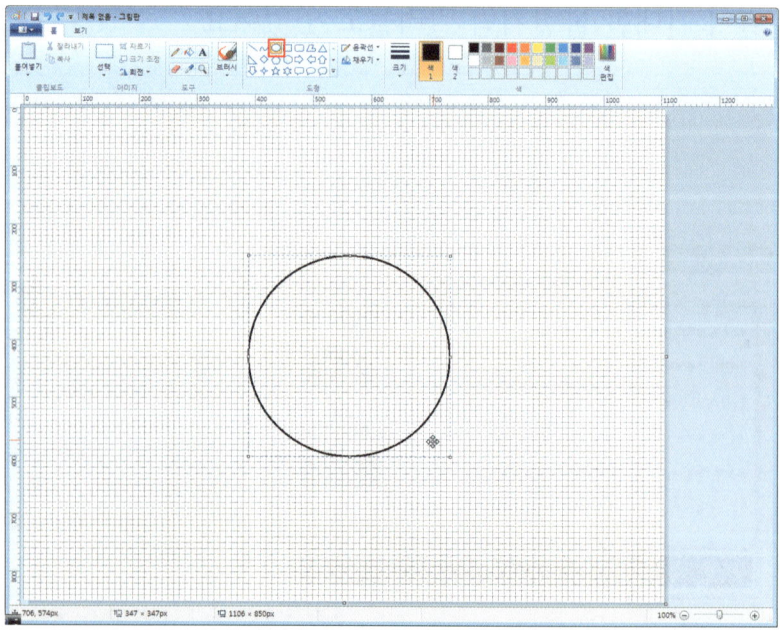

18강 | 3.1 운동의 그날! 태극기 휘날리며

③ [홈] 탭의 [도구] 그룹에서 [연필]( )을 클릭해 미리 만들어 놓은 '타원'에 그림과 같이 그려요.

④ 도형에 색을 채우기 위해 [홈] 탭의 [도구] 그룹에서 [채우기]( )를 클릭한 후 [색]에서 '빨강', '파랑'을 선택해 그림과 같이 채워요.

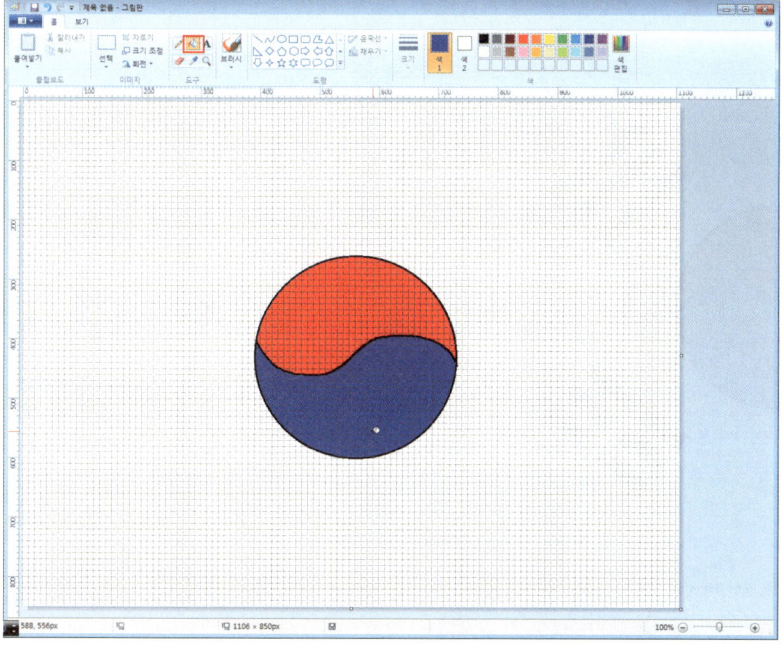

⑤ [홈] 탭의 [브러시]에서 [크레용]( )을 선택해 그림과 같이 그려요.

⑥ '크레용'으로 그림과 같이 그려 태극기를 완성해요.

혼자서 해보기

1 그림판의 도형을 이용해 '중국' 국기를 만들어요.

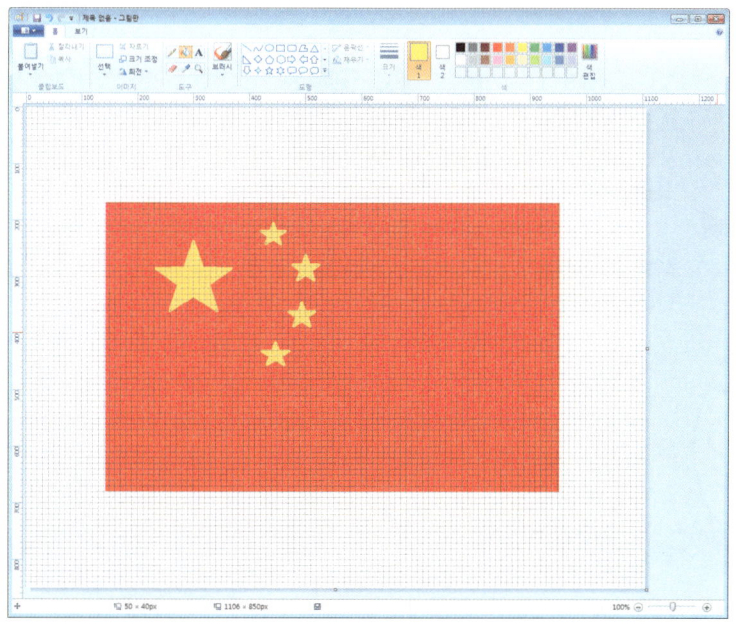

Tip 도형 : 5각별

2 그림판의 도형을 이용해 '세네갈' 국기를 만들어요.

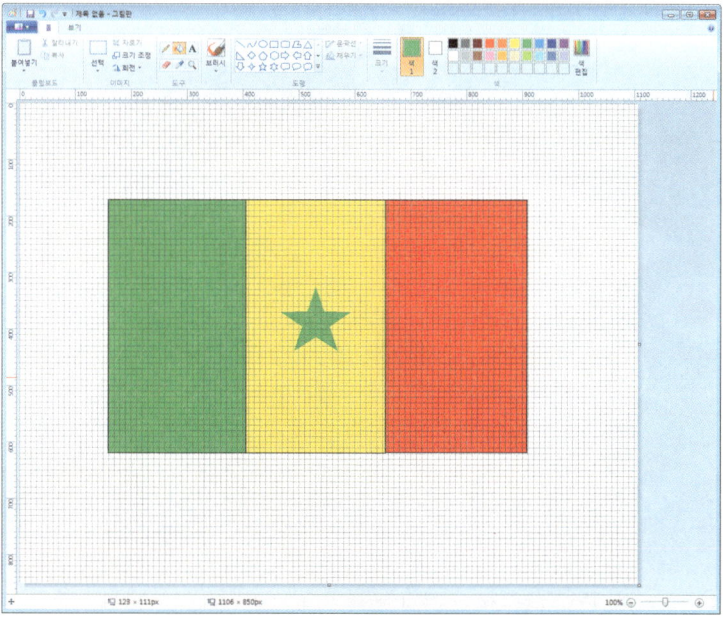

19 내 폴더 속 미술관

학습 목표
- 김홍도가 어떻게 나라를 빛낼 화원이 됐는지 알아봅니다.
- 김홍도의 가장 유명한 그림을 내 폴더 속으로 저장해봅니다.

월 　 일 　 타수

"오늘 본 서당의 모습은 이랬지."

1 타자연습

김홍도가 어떻게 나라를 빛낼 화원이 됐는지 알아보기 위해 타자연습에서 한국사 이야기를 연습해요.

● 연습파일 : 19강 타자연습.txt

단원 김홍도는 문인 강세황이 발탁한 도화서 화원, 정조의 초상화를 그리는 화가로 지목된 데 이어, 동료 화가 김응환 등과 금강산, 대마도를 다니며 산수화를 그린 바 있는 조선 후기 최고급 화가다. 단원의 청년 시절 알고 지내던 도화서 화원 김응환이 스승에게 산수화 한 점을 가지고 왔다. 나는 그것이 김응환이 그린 그림인 줄 알고 "자네 솜씨가 날로 무르익는구먼"하고 말했다. 그러자 김응환은 "선생님, 이 그림은 김홍도라는 청년이 그린 그림입니다." 하고 대답했다. 나는 첫눈에 '이 그림을 그림 청년이 장차 나라를 빛낼 화원이 되겠구나' 하고 생각하고 도화서의 화원으로 발탁했다.

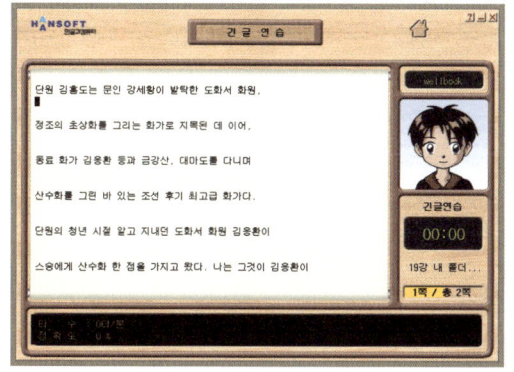

▲ 실습예제

 궁금해요

김홍도는 조선 후기의 화가이다. 경기도 안산시 단원구는 그의 호 단원을 따온 이름이다. 정조 시대 때 문예부흥기의 대표적인 화가로 여겨진다. 그는 산수화, 풍속화에서 큰 비중을 차지하는 화가였지만 고사인물화 및 신선도, 화조화, 불화 등 모든 분야에서 독창적인 회화를 구축한 화가이기도 하다.

2 그림을 감상해요.

인터넷을 이용해 조선 후기 최고의 화가 김홍도 화백의 그림을 감상해요.

① 포털 사이트 '네이버' 검색창에 '김홍도 작품'이라고 입력한 후 검색을 클릭해요.

※ 김홍도 화백의 작품 중 아래 5개의 그림을 찾아 감상해요.
  ① 씨름   ② 활터
  ③ 군선도   ④ 춤추는 아이
  ⑤ 죽리탄금도

② '나만의 미술관' 폴더를 만들기 위해 바탕화면에서 '마우스 오른쪽' 버튼을 클릭한 후 바로가기 메뉴에서 그림과 같이 [새로 만들기]-[폴더]를 클릭해요.

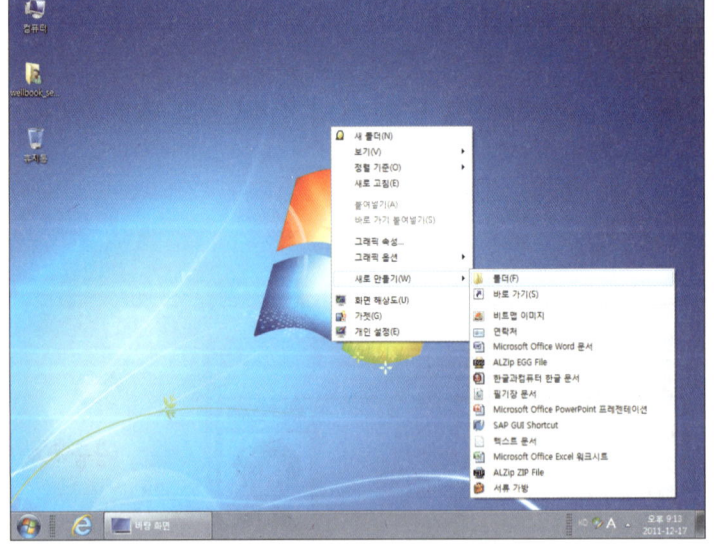

3 작품 폴더를 만들어요.

인터넷을 통해 배운 김홍도 화백의 작품 이름으로 폴더를 만들어요.

① 바탕화면에 '새 폴더'가 생기면 폴더의 이름을 '○○의 미술관'이라고 입력해요.

폴더의 이름을 그림과 같이 친구들의 이름으로 만들어요.

② 완성된 '○○의 미술관' 폴더를 더블클릭하면 폴더 창이 열려요. '○○의 미술관' 폴더 안에 여러 개의 폴더를 만들기 위해 그림과 같이 '새 폴더'를 클릭해요.

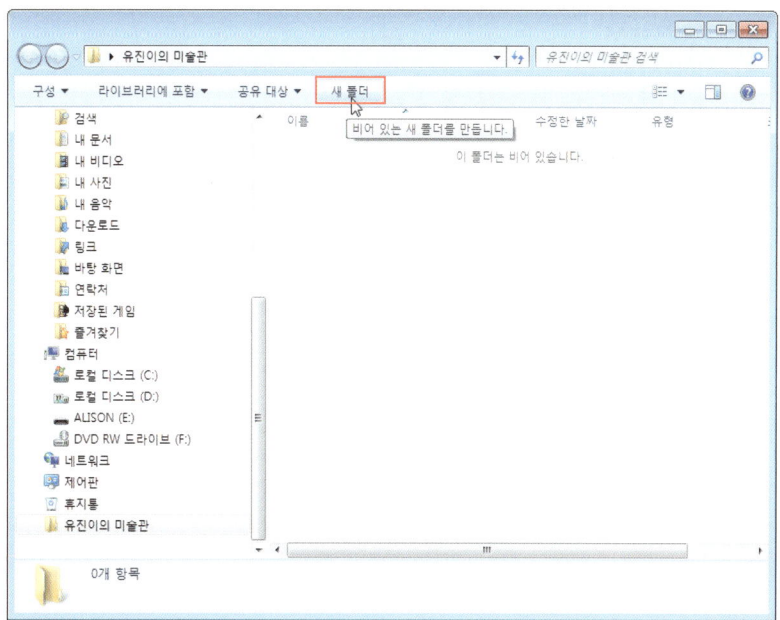

③ [새 폴더]를 클릭하면 새로운 폴더가 나타나요. 그림과 같이 폴더의 이름을 '씨름'으로 입력해요.

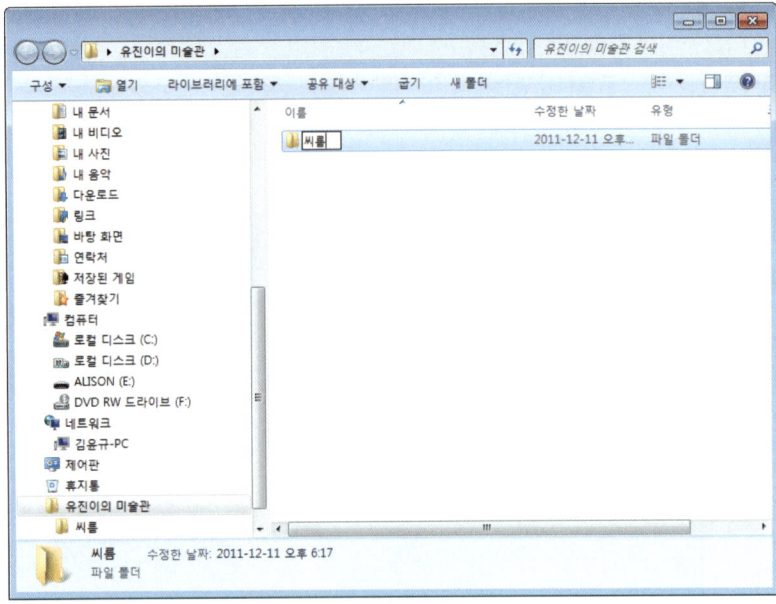

④ 위와 같은 방법으로 '활터', '군선도', '춤추는 아이', '죽리탄금도' 폴더를 만들어 그림과 같이 '○○의 미술관' 폴더를 완성해요.

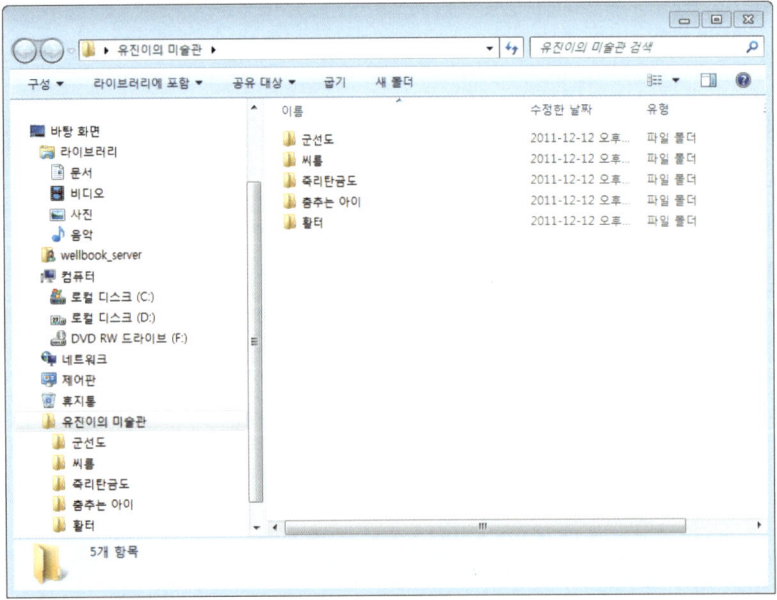

① '빈센트 반 고흐'의 작품을 감상한 후 '빈센트 반 고흐'의 작품 폴더를 만들어요.

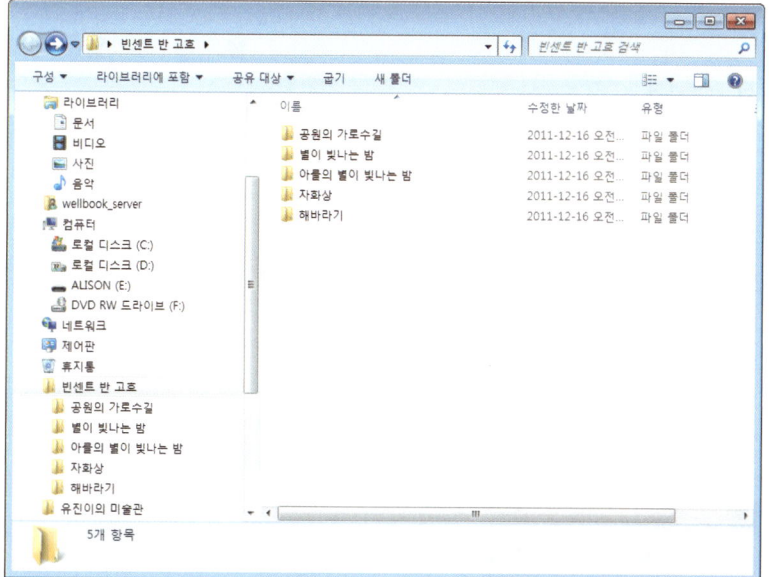

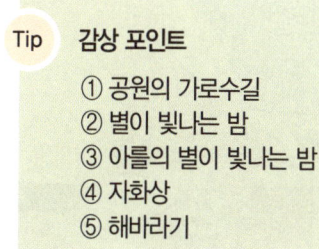

Tip 감상 포인트
① 공원의 가로수길
② 별이 빛나는 밤
③ 아를의 별이 빛나는 밤
④ 자화상
⑤ 해바라기

② '마르크 샤갈'의 작품을 감상한 후 '마르크 샤갈'의 작품 폴더를 만들어요.

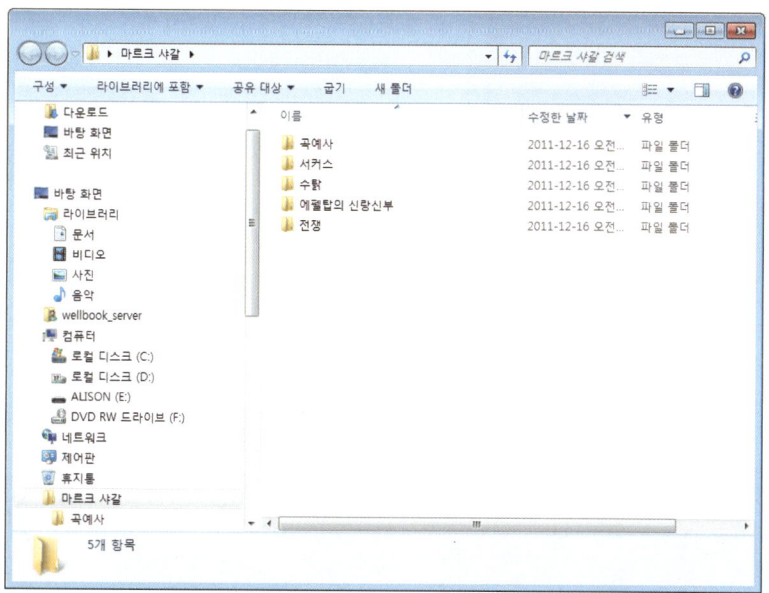

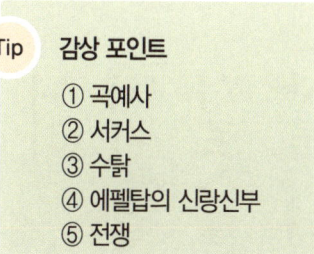

Tip 감상 포인트
① 곡예사
② 서커스
③ 수탉
④ 에펠탑의 신랑신부
⑤ 전쟁

20 훈민정음 속 숨은 뜻

학습 목표
- 세종 때 집현전 학자들이 만든 훈민정음에 대해 알아봅니다.
- 한자를 이용해 훈민정음의 깊은 뜻을 알아봅니다.

| 월 | 일 | 타수 |

 타자연습

세종 때 집현전 학자들이 만든 훈민정음에 대해 알아보기 위해 타자연습에서 한국사 이야기를 연습해요.

● 연습파일 : 20강 타자연습.txt

조선의 임금인 세종대왕께서 집현전 학자들에게 우리글을 만들게 하여 그 글의 이름을 훈민정음이라고 지었어요. 훈민정음은 '백성을 가르치는 바른 소리'란 뜻이에요. 조선 시대 이전까지 우리 조상들은 한자로 글을 적었어요. 그러나 우리말을 한자로 옮기는 것은 너무 복잡해 백성들이 배우기에는 어려운 글자였어요. 세종대왕은 백성들이 글을 제대로 쓰지 못하는 것을 안타깝게 여겨, 누구나 쉽게 배우고 쓸 수 있는 '훈민정음', 즉 한글을 만드셨어요.

훈민정음은 새로 만든 글자를 뜻하기도 하지만, 1446년 펴낸 훈민정음 해설서인 책 이름이기도 해요. 우리나라 국보 70호이고 유네스코 세계 기록 유산으로 지정되었어요.

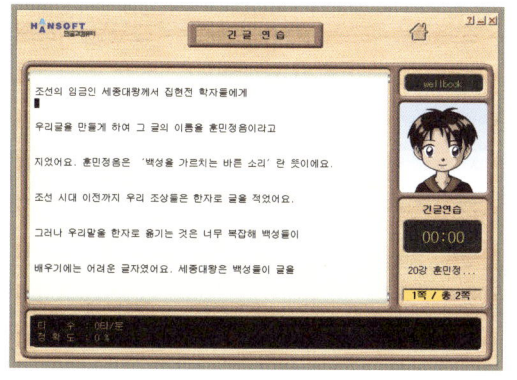
▲ 실습예제

 궁금해요

훈민정음은 조선 초기 세종대왕이 지은 책의 제목, 그리고 그 책에서 해설하고 있는 뒷날 한글로 불리게 된 한국어의 표기 문자 체계를 말한다.
한글은 1443년(세종25년) 훈민정음 28자를 연구·창제하고 3년 동안 다듬고 실제로 써본 후, 1446년 음력 9월에 이를 반포하면서 조선 세종은 훈민정음 해례본을 통하여 문자와 천지인을 바탕으로 하는 음양오행의 관계를 설명하였다.

② 한자사전에서 한자를 찾아요.

궁금한 한자의 뜻을 알아보고 싶을 때 인터넷에서 한자사전을 이용해 한자의 깊은 뜻을 알 수 있어요.

① '네이버' 포털 사이트에서 [더보기]를 클릭하면 그림과 같은 창이 나타나요. 한자사전을 이용하기 위해 [사전]-[한자사전]을 클릭해요.

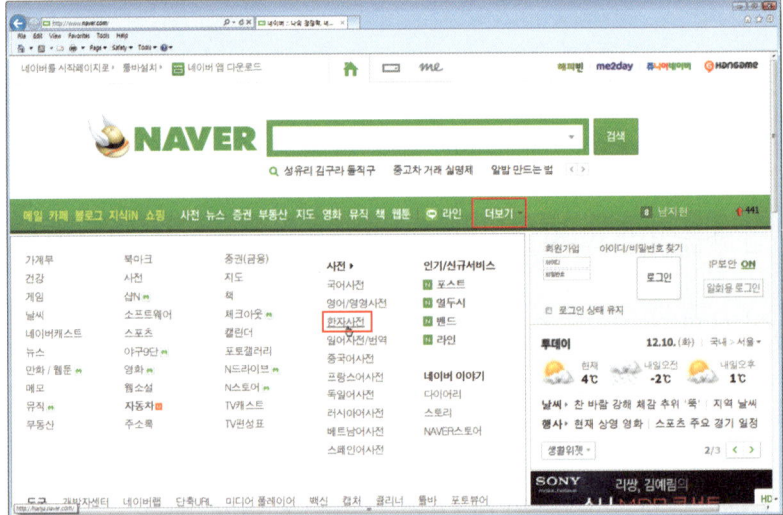

② 훈민정음의 뜻을 알아보기 위해 [필기인식기]에 '訓'을 입력하기 위해 [펜]을 마우스로 드래그 해 그림과 같이 입력해요.

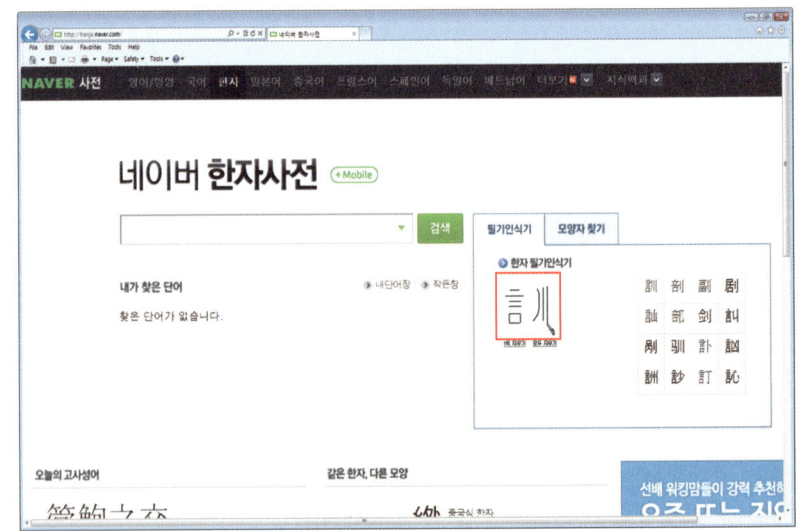

20강 | 훈민정음 속 숨은 뜻

③ 입력한 한자가 나타나면 음과 뜻을 확인한 후 클릭해요.

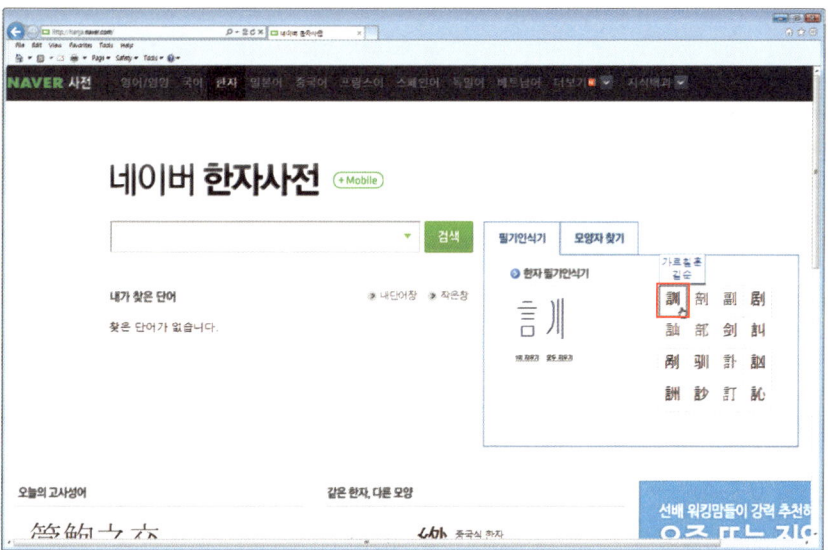

④ '검색창'에 입력한 한자가 나타나면 '훈민정음'을 찾아 클릭해요.

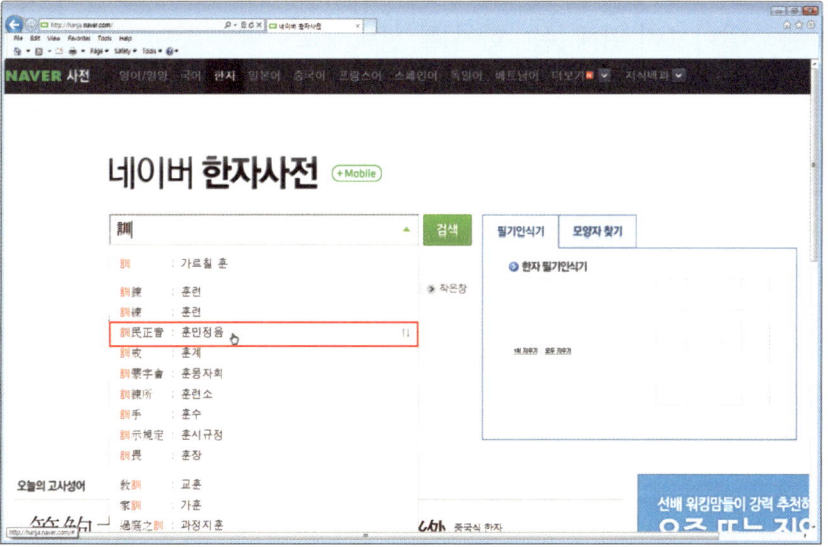

⑤ 한자사전에서 '훈민정음'을 클릭해 국어사전에 나타나 있는 훈민정음에 대해 자세히 알아봅니다.

⑥ '훈민정음'의 음과 뜻을 자세히 알아보기 위해 [음·한자]를 선택해요.

① 한자사전을 이용해 초등 필수 사자성어 '문방사우'의 뜻을 찾아봅니다.

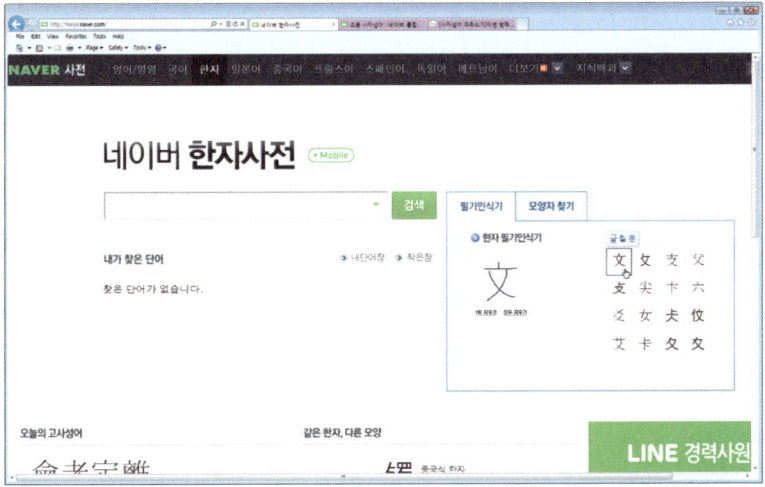

• 문방사우(文房四友) :

② 한자사전을 이용해 초등 필수 사자성어 '구사일생'의 뜻을 찾아봅니다.

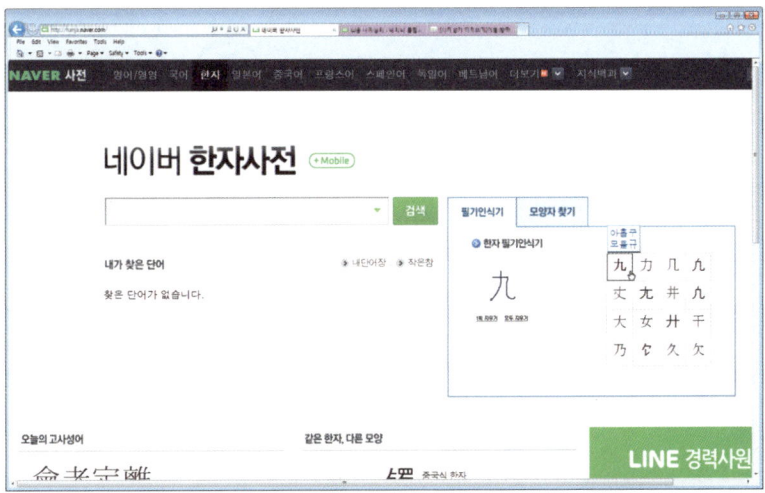

• 구사일생(九死一生) :

21 대동여지도를 찾아라.

학습목표
- 대동여지도를 완성한 김정호에 대해 알아봅니다.
- 캡처도구를 이용해 우리나라 지도를 저장하는 방법을 알아봅니다.

월 일 타수

이보다 더 정확한 지도는 없을 것이오.

에피소드 1 타자연습

대동여지도를 완성한 김정호에 대해 알아보기 위해 타자연습에서 한국사 이야기를 연습해요.

◉ 연습파일 : 21강 타자연습.txt

김정호는 어려서부터 우리 땅에 대한 호기심이 가득한 아이였어요. 어린 김정호는 끝없이 펼쳐진 산과 강을 바라보며 혼자 중얼거리곤 했어요. "내가 좀 더 성장하면 꼭 이 땅을 돌아보고 정확한 지도를 그리고 말 거야." 김정호는 마을 뒷산에 올라 발아래로 펼쳐지는 자신의 동네와 이웃 마을의 생김새를 마음속으로 그려 보며 지도를 그리겠다는 꿈을 키웠어요. 어린 시절 가졌던 땅에 대한 호기심과 제 손으로 지도를 그리고야 말겠다는 강한 집념으로 지도 제작을 위해 백두산을 일곱 번이나 오르는 노력을 기울여 마침내 김정호는 1861년 대동여지도를 완성했어요.

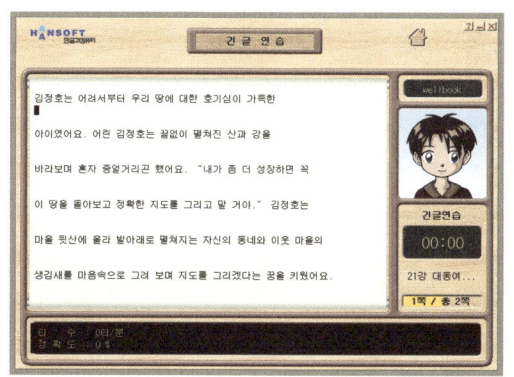

▲ 실습예제

궁금해요

대동여지도는 고산자 김정호가 1861년 제작한 한반도의 지도이며, 지도첩이다. 1985년 대한민국의 보물 제850호로 지정되었으며, 2008년에는 대동여지도 목판이 대한민국 보물 제1581호로 지정되었다. 근대적 측량이 이루어지기 전 제작된 한반도의 지도 중 가장 정확한 지도이다.

에피소드 2 대한민국 지도를 찾아요.

우리나라 지도의 모습은 어떤 모양으로 생겼는지 인터넷을 이용해 찾아요.

① 포털 사이트 '네이버' 검색창에 '대한민국 지도'를 입력한 후 [검색]을 클릭해요.

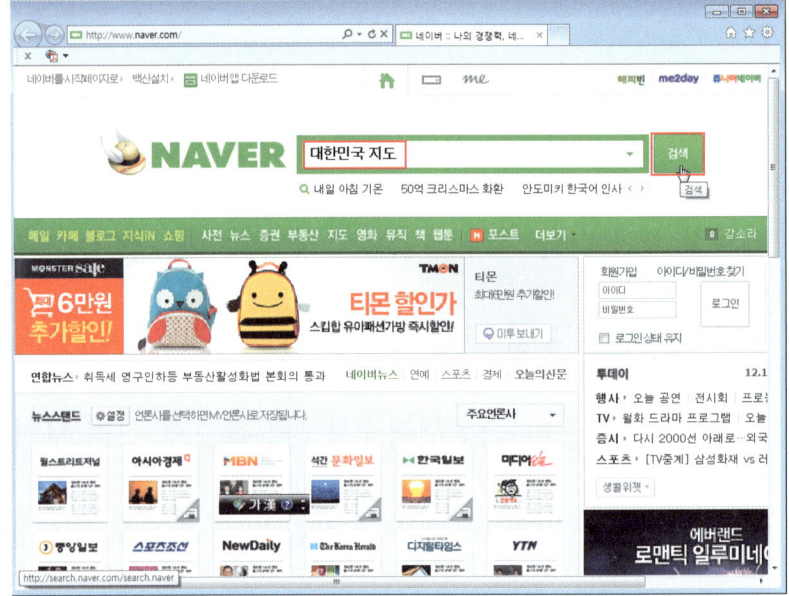

② 대한민국 지도가 나타나면 [시작]-[프로그램]-[보조프로그램]에서 [캡처 도구]를 클릭해요.

● 빨강색 점으로 표시된 곳은 수도에요.

21강 | 대동여지도를 찾아라.

③ 캡처 도구를 이용해 그림과 같이 대한민국 지도 부분을 드래그해요.

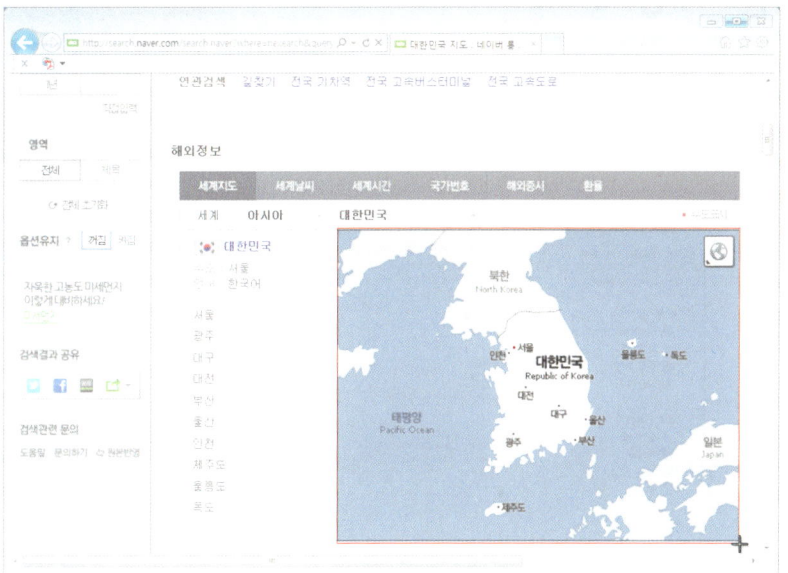

④ '캡처 도구 창'이 나타나면 지도를 저장하기 위해 [캡처 저장](🖫) 아이콘을 클릭해요.

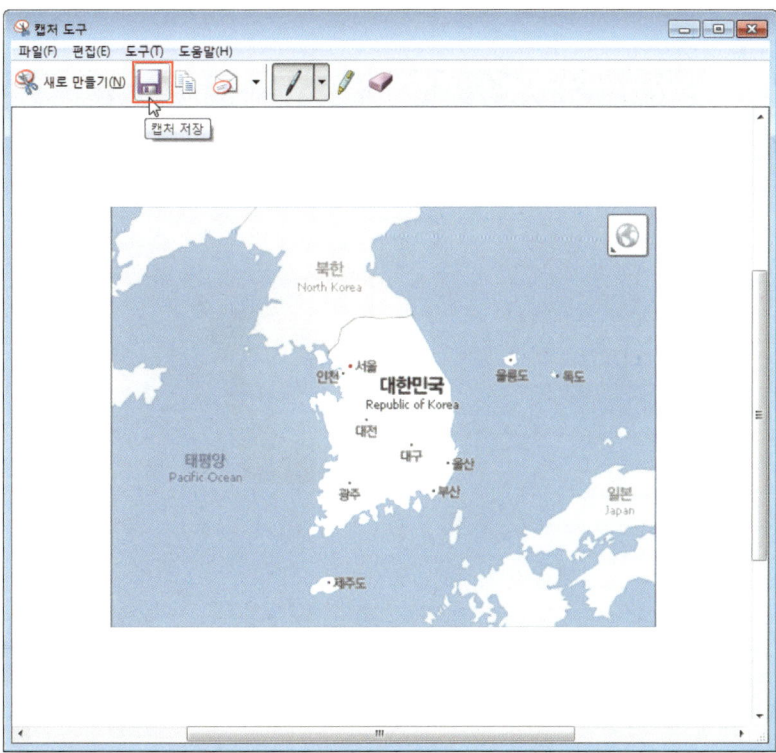

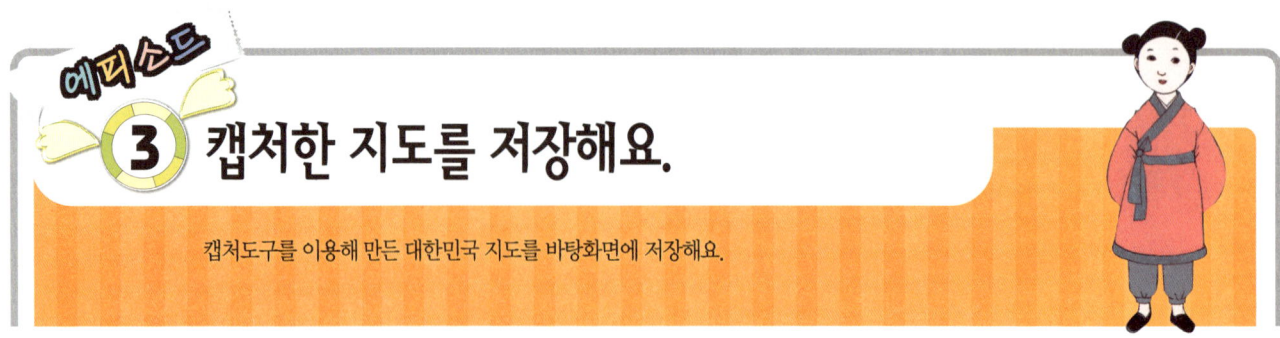

3 캡처한 지도를 저장해요.

캡처도구를 이용해 만든 대한민국 지도를 바탕화면에 저장해요.

① [다른 이름으로 저장] 대화상자가 나타나면 [저장 위치]는 '바탕 화면'으로 클릭해요. [파일 이름] 입력란에 '대한민국 지도'라고 입력하고 [파일 형식]을 'JPEG 파일'로 선택한 후 [저장] 단추를 클릭해요.

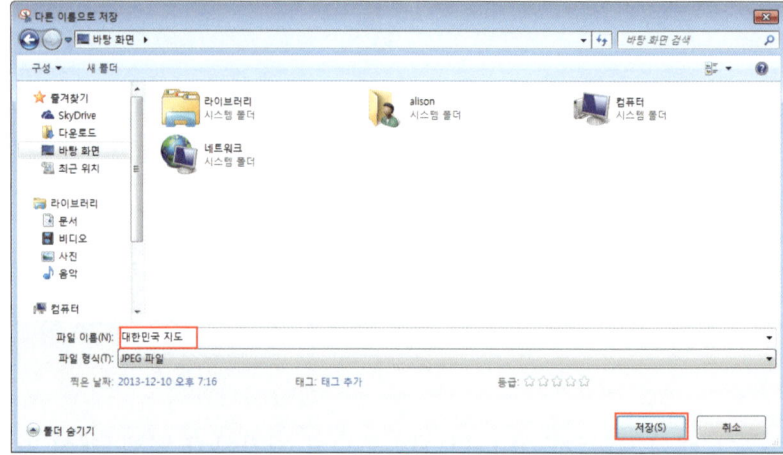

② 저장이 끝나면 바탕화면에 '대한민국 지도' 파일을 확인해요.

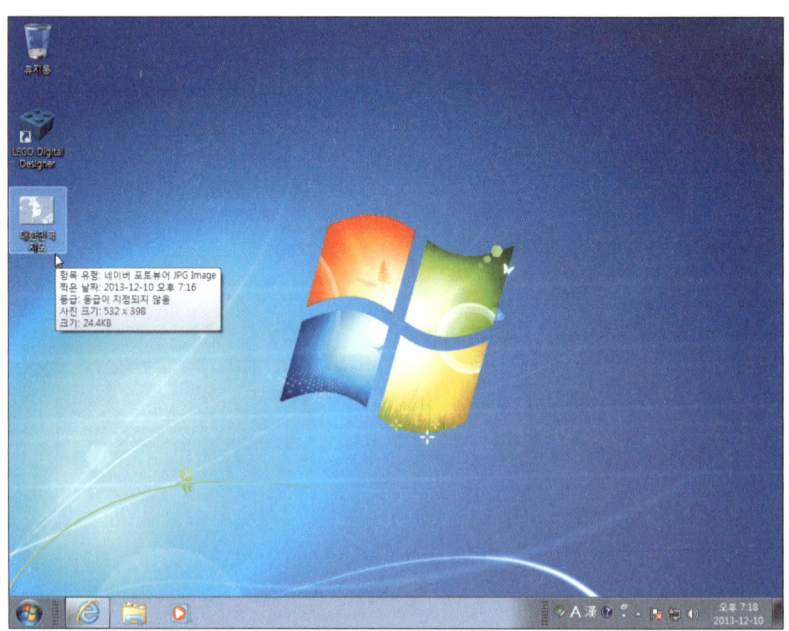

① 프랑스 지도를 검색한 후 '캡처 도구'를 이용해 저장해요.

• 프랑스의 수도는?

② 독일 지도를 검색한 후 '캡처 도구'를 이용해 저장해요.

• 독일의 수도는?

22 한반도의 영토를 확장한 광개토대왕

학습목표
- 고구려의 영토를 가장 넓게 개척한 광개토대왕을 알아봅니다.
- 고구려의 영토를 찾아 깃발을 표시하는 방법을 알아봅니다.

월	일	타수

타자연습

고구려의 영토를 가장 넓게 개척한 광개토대왕을 알아보기 위해 타자연습에서 한국사 이야기를 연습해요.

● 연습파일 : 22강 타자연습.txt

고구려의 영토를 가장 넓게 개척한 왕은 바로 광개토대왕입니다. 동서남북으로 왕의 말발굽이 미치지 않은 지역이 없었어요. 남쪽으로 백제를 쳐서 한강 북쪽까지 진출했던 광개토대왕은 백제의 아신왕에게 평생 신하가 되겠다는 맹세를 받아냅니다. 백제는 일본과 손잡고 가야를 끌어들였습니다. 그리고 고구려와 연결된 신라를 공격했습니다.

이에 신라는 고구려의 광개토대왕에게 도움을 청했고, 광개토대왕은 신라를 도와 백제군을 격파하고 5만 명의 군사를 보내어 왜군을 섬멸했습니다. 그리하여 고구려는 이제 만주와 한반도 북부를 아우르는 거대한 영토를 지배하게 되었답니다.

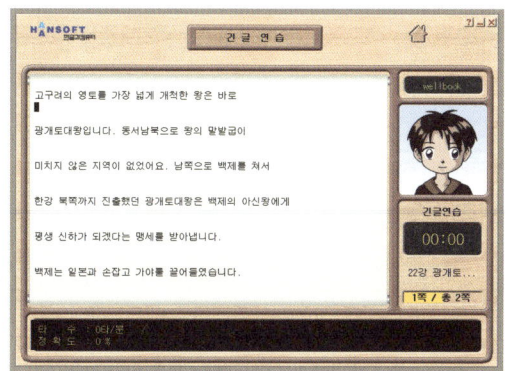

▲ 실습예제

궁금해요

광개토왕은 392년 7월에 군사 4만 명을 거느리고 북쪽 변경을 침공해 와서 석현성등 10여 성을 함락시켰다. 진사왕은 광개토왕이 군사를 부리는 데 능하다는 말을 듣고 나가 막지 못하니 한수 북쪽의 여러 부락들이 다수 함락되었다. 8월에 백제가 남쪽 변경을 침략해 왔으므로, 장수에게 명하여 막게 하였다. 승기를 탄 고구려는 10월에 백제 북방의 천혜의 요새이자 중요지인 관미성을 20일에 걸친 포위 끝에 쳐서 함락시켰다.

에피소드 2 고구려의 지도를 만들어요.

광개토대왕이 확장한 고구려의 영토를 볼 수 있는 지도를 만들어요.

① 포털 사이트 '구글'에서 나만의 지도를 만들기 위해 바로가기 'Google 지도'를 클릭해요.

② 지도를 만들기 위해 [내 장소]를 클릭한 후 [새 지도]를 클릭해요.

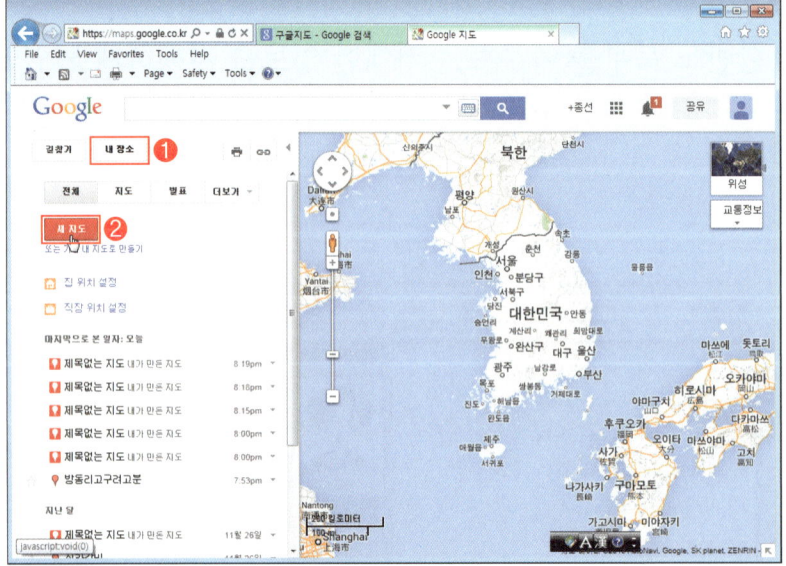

22강 | 한반도의 영토를 확장한 광개토대왕

③ 그림과 같은 창이 나타나면 [새 지도 만들기]를 클릭해요.

④ '선 그리기' 도구를 클릭해 그림과 같이 고구려의 영토를 표시해요.

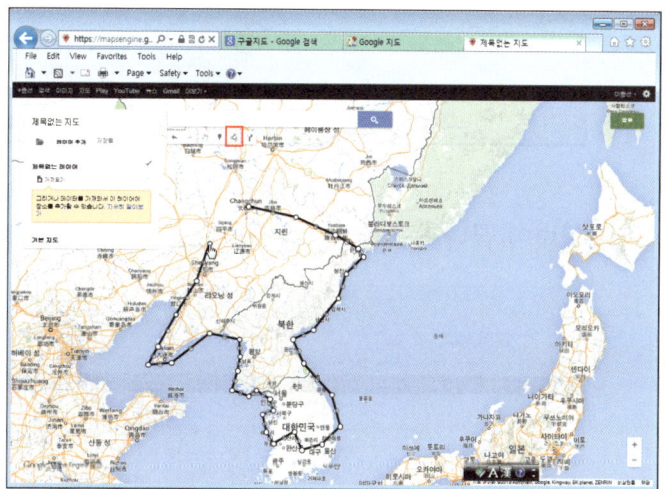

⑤ 선 그리기가 끝나면 그림과 같은 창이 나타나면 '고구려'라고 입력해요.

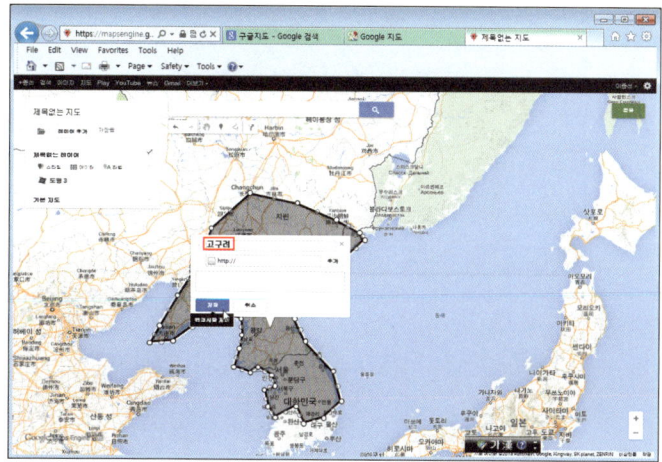

⑥ 광개토대왕의 영토를 표시하기 위해 [아이콘 추가] 도구를 클릭한 후 그림과 같은 창이 나타나면 '광개토대왕' 이라고 입력해요.

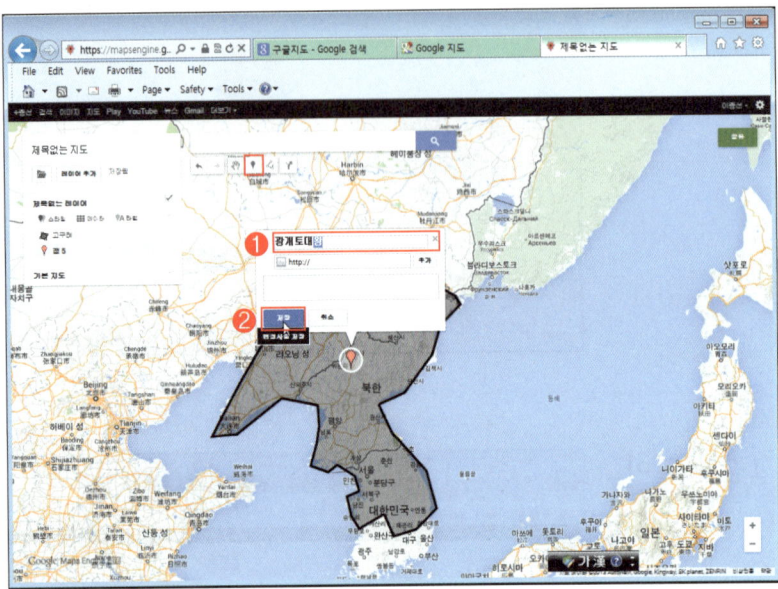

⑦ 입력이 끝나면 그림과 같이 광개토대왕이 확장한 고구려의 영토를 볼 수 있어요.

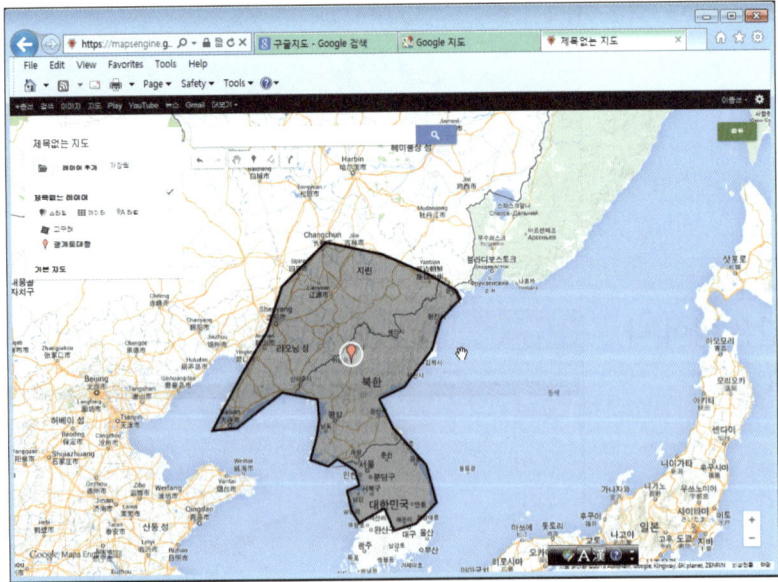

① 신라의 영토를 표시하고 '서라벌' 아이콘을 추가해요.

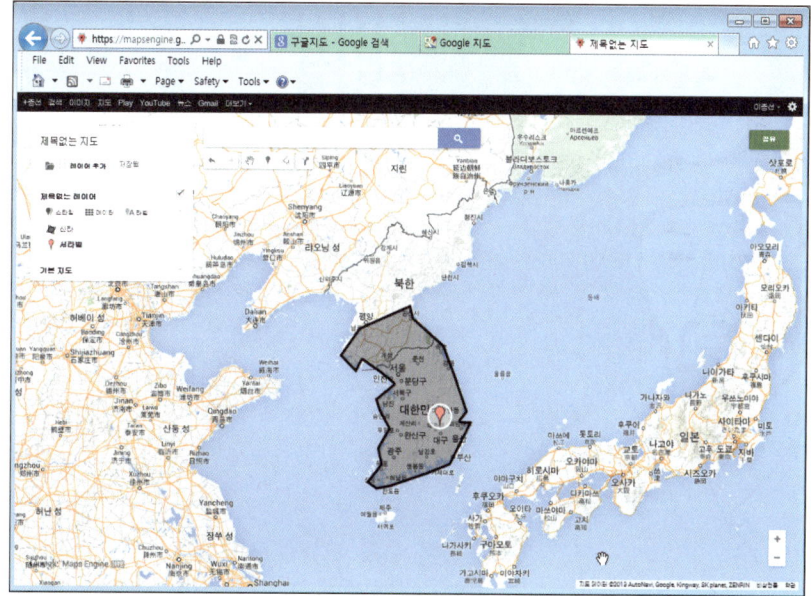

② 조선의 영토를 표시하고 좌측에는 '평안도', 우측에는 '함경도' 아이콘을 추가해요.

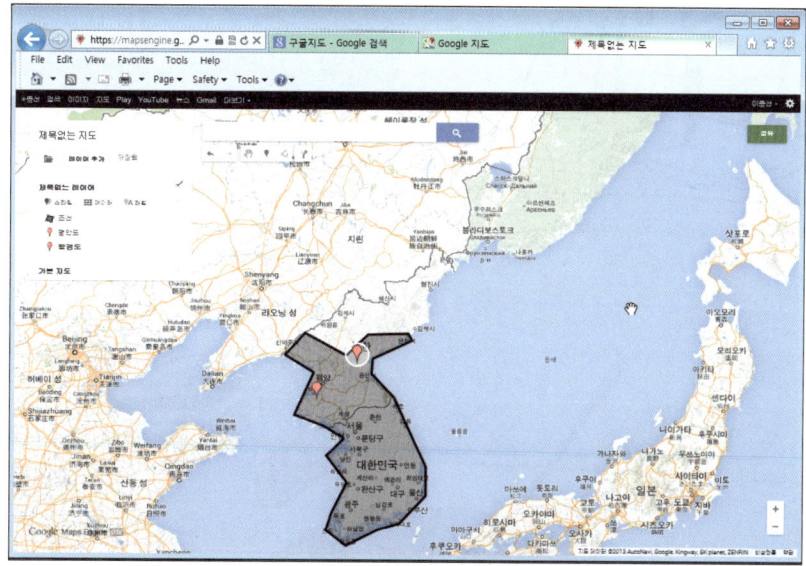

23 몰래 보는 난중일기

학습목표
- 이순신 장군이 임진왜란이 일어난 해부터 전사하기까지 기록한 난중일기를 알아봅니다.
- 난중일기로 '1594년 1월 1일' 날씨를 알아봅니다.

| 월 | 일 | 타수 |

죽음이 두렵다고 말하지 말라~

1 타자연습

이순신 장군이 임진왜란이 일어난 해부터 전사하기까지 기록한 난중일기를 알아보기 위해 타자연습에서 한국사 이야기를 연습해요.

◉ 연습파일 : 23강 타자연습.txt

난중일기란 이순신이 임진왜란이 일어난 해부터 전사하기 이틀 전까지 모두 2,539일 7년간의 전장에서 치른 많은 전투와 그 속에서 겪은 일 그리고 시대와 사람들에 대해 솔직하게 적어 내려간 일기에요. 정조 임금 때에 '충무공전서'를 편찬하면서 '난중일기' 라 이름 붙여서 지금까지 전해오고 있어요.

또한, 충무공 이순신 장군의 난중일기는 세계적인 기록 유산 가치를 인정받아서 유네스코 세계기록 유산에 우리나라에서 10번째로 등재되었답니다.

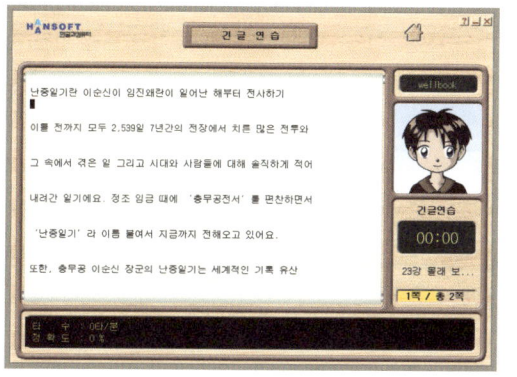

▲ 실습예제

궁금해요

난중일기는 이순신이 임진왜란의 7년(1592 ~ 1598년) 동안 쓴 군중일기로 전란의 구체적인 기록이 담겨 있다. 일기 7책과 서간첩 1책, 임진장초 1책까지 총 9권이 국보 제76호로 지정되어 있으며, 2013년 6월 18일 광주에서 열린 '제11차 유네스코 세계기록유산 국제자문위원회'에서 권고하고 유네스코가 받아들여 새마을운동기록물과 함께 유네스코 세계기록유산으로 등재되었다.

에피소드 2 난중일기를 읽어요.

'충무공 이순신' 홈페이지에서 난중일기를 통해 임진왜란 당시인 '1594년 1월 1일'에는 날씨가 어땠는지 검색해요.

① 난중일기를 보기 위해 주소창에 'www.choongmoogongleesoonsin.co.kr'를 입력해 '충무공 이순신' 홈페이지가 나타나면 [어록 및 시작]-[난중일기]를 클릭해요.

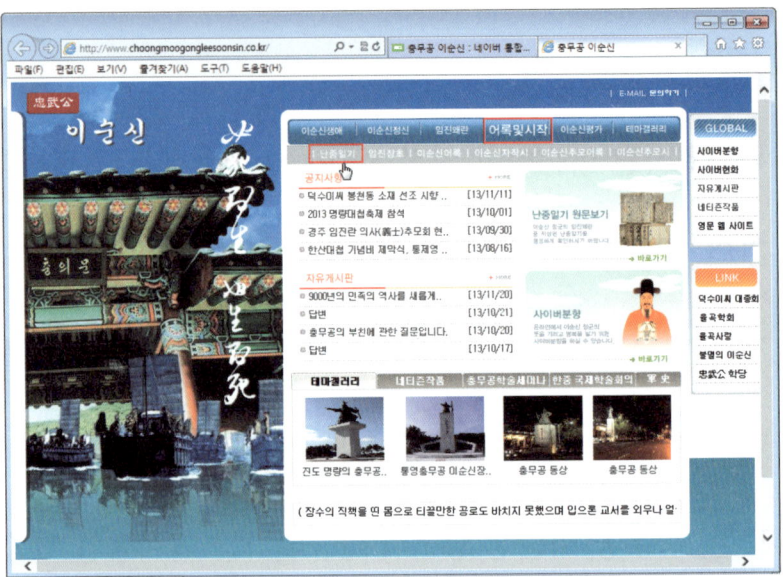

포털 사이트 검색창에서 '충무공 이순신'을 입력한 후 검색을 클릭해요.

② '1594년 경진일 1월1일' 일기를 보기 위해 그림과 같이 '1594년', '1월'을 선택한 후 [검색]을 클릭해요.

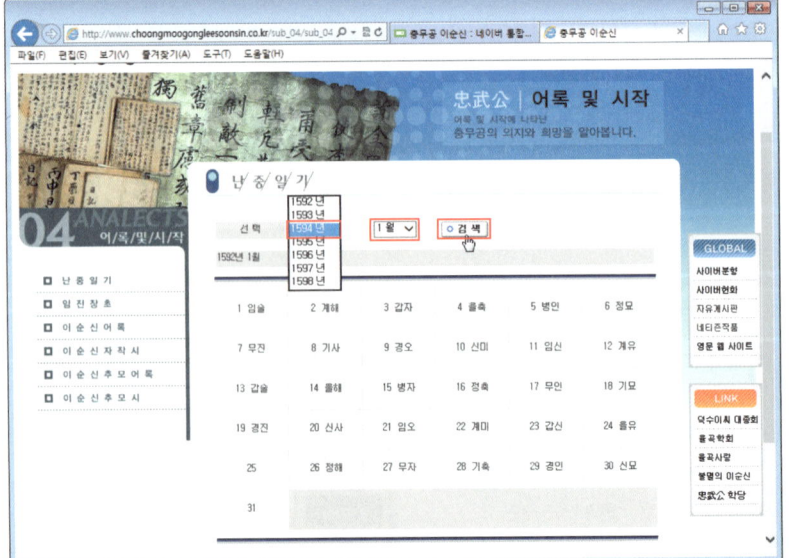

23강 | 몰래 보는 난중일기

③ '1594년 1월' 일기가 나타나면 그림과 같이 '1 경진'을 클릭해 1월 1일에 날씨는 어땠는지 검색해요.

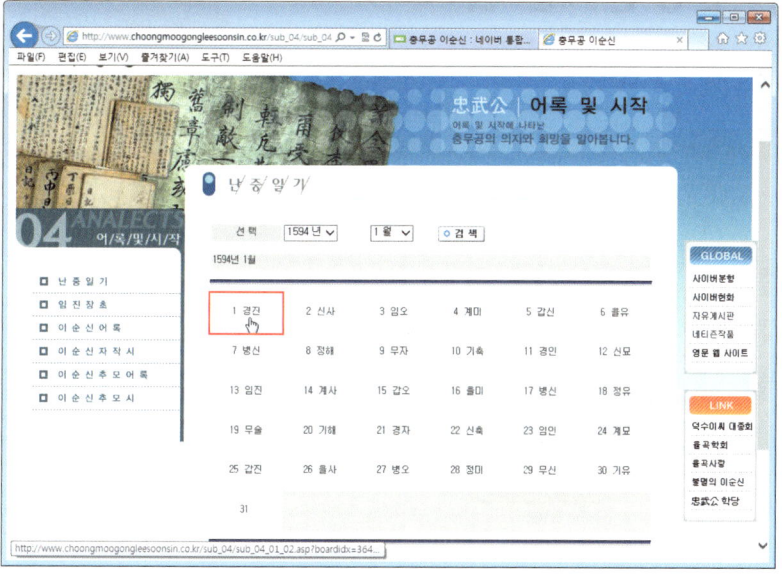

④ 검색한 일기를 워드패드로 가져오기 위해 그림과 같이 '블럭'을 설정하고 '마우스 오른쪽' 버튼을 누르고 [바로가기 메뉴]의 [복사] 메뉴를 선택해요..

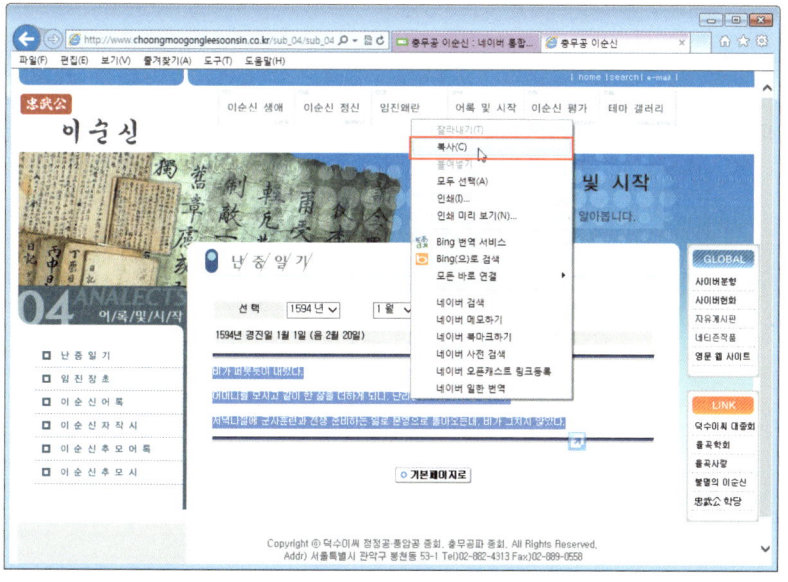

3 워드패드에서 난중일기를 읽어요.

충무공 이순신의 난중일기를 워드패드로 복사해 읽어요.

① 일기를 붙여넣기 위해 [시작] – [보조프로그램] – [워드패드]를 실행한 후 '마우스 오른쪽' 버튼을 누르고 바로가기 메뉴의 '붙여넣기'를 선택해요.

② 그림과 같이 난중일기를 워드패드에서도 읽을 수 있어요.

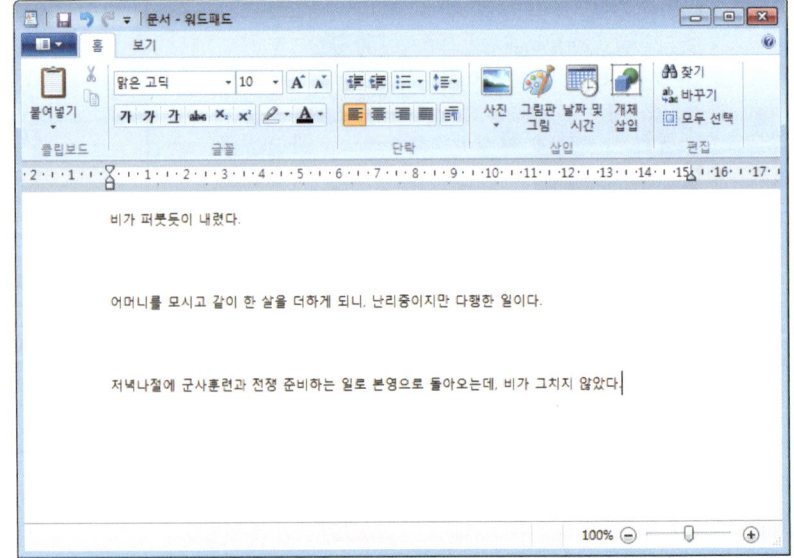

① 난중일기 중 1593년 경자일 2월 15일 일기를 워드패드로 복사해요.

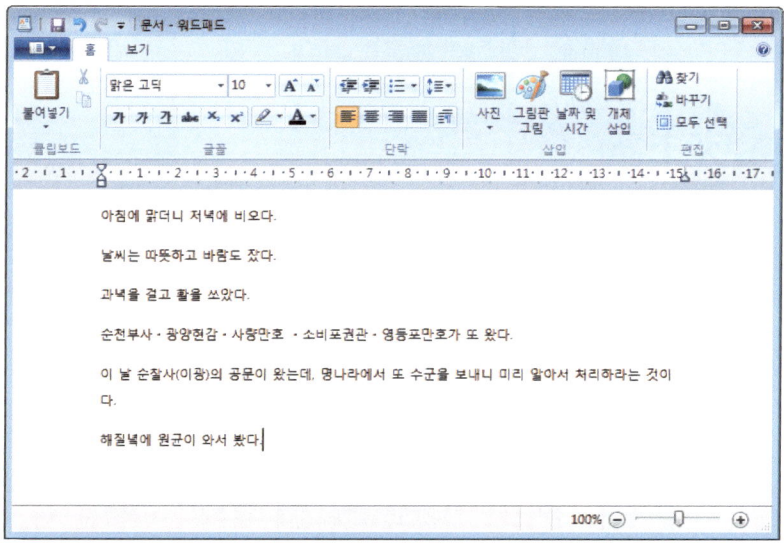

• 과거 1593년 2월 15일 날씨는 ?

② 난중일기 중 1597년 무오일 7월 29일 일기를 워드패드로 복사해요.

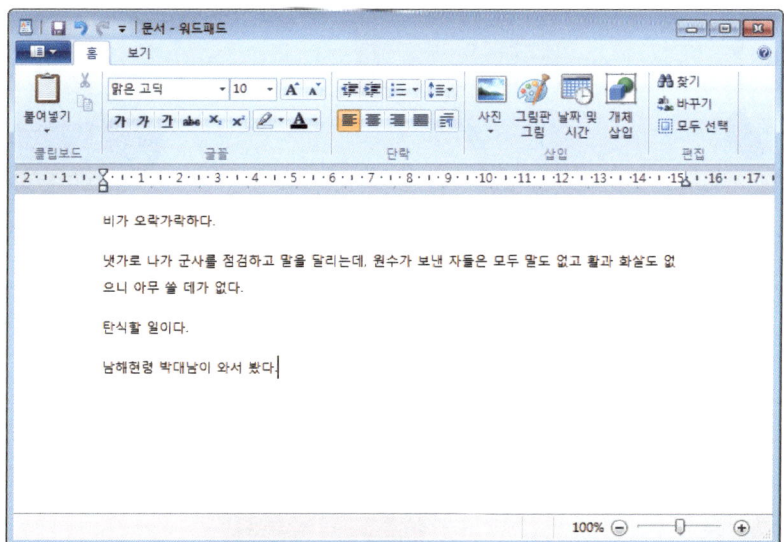

• 과거 1597년 7월 29일 날씨는 ?

 # 24 인터넷으로 배우는 한국역사

학습 목표
- 역사와 전통문화를 알려주는 '서울역사박물관'을 알아봅니다.
- 즐기면서 학습할 수 있는 역사 놀이방을 알아봅니다.

| 월 | 일 | 타수 |

오늘 현장학습 기대된다.

응, 수첩에 기록해 야지

1 타자연습

역사와 전통문화를 알려주는 '서울역사박물관'을 알아보기 위해 타자연습에서 한국사 이야기를 연습해요.

◉ 연습파일 : 24강 타자연습.txt

서울역사박물관은 유서 깊은 서울의 역사와 전통문화를 정리하여 보여줌으로써 서울시민 및 서울을 찾는 내외국인들에게 서울의 문화를 느끼고 체험할 기회를 제공하는 서울의 대표적 문화중심지에요. 옛 서울과 서울사람들의 생활, 문화 등의 주제가 되어 전시된 곳으로 조선 시대의 생활상, 특히 양반을 비롯한 지식인 계층의 삶을 들여다볼 수 있지요. 영조가 눈 내리는 날 아침, 영감을 받아 직접 글을 남겼다는 영조 어필도 볼 수 있고, 장악원, 도화서 등을 통해 예술 활동이 활발했던 모습을 볼 수 있으며, 서민들이 즐기던 춤과 노래 등 옛 서울에 꽃피었던 학술문화의 기록을 통해 서울의 발전을 짚어 볼 수 있어요.

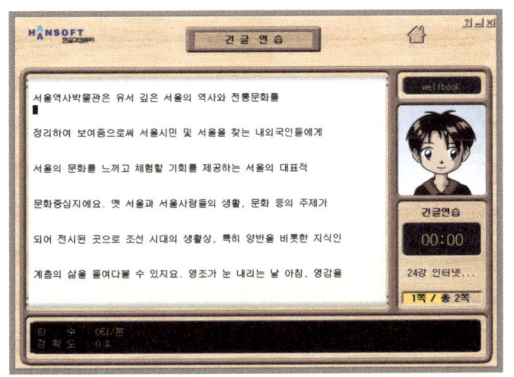

▲ 실습예제

 궁금해요

한국의 역사는 구석기 시대 이후 주로 한반도와 만주, 연해주, 넓게는 동아시아 지역을 바탕으로 발전되어 온 한민족의 역사이다. 한국 역사의 시대 구분은 구석기 시대에서부터 신석기 시대, 청동기 시대, 철기 시대로 구분되는 선사시대와 고조선의 성립 이후 원삼국시대, 삼국시대, 남북국시대, 후삼국시대까지의 고대, 고려시대인 중세, 조선시대인 근세, 대한제국 수립이후 오늘날까지의 근·현대 등으로 구분된다.

에피소드 2 서울지도 맞추기

대동여지도의 한 부분으로 서울을 그린 도성도의 흩어진 조각을 맞추어 조선시대 서울의 모습을 확인해요.

① 서울역사박물관 어린이 홈페이지를 방문해요.

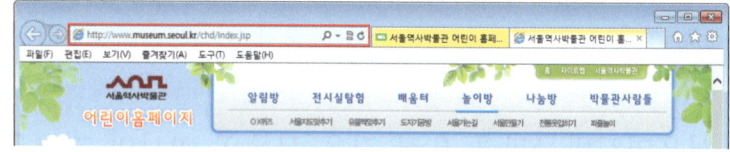

② '서울지도맞추기'를 하기 위해 [놀이방]-[서울지도맞추기]를 클릭한 후 그림과 같이 퍼즐조각을 맞춰요.

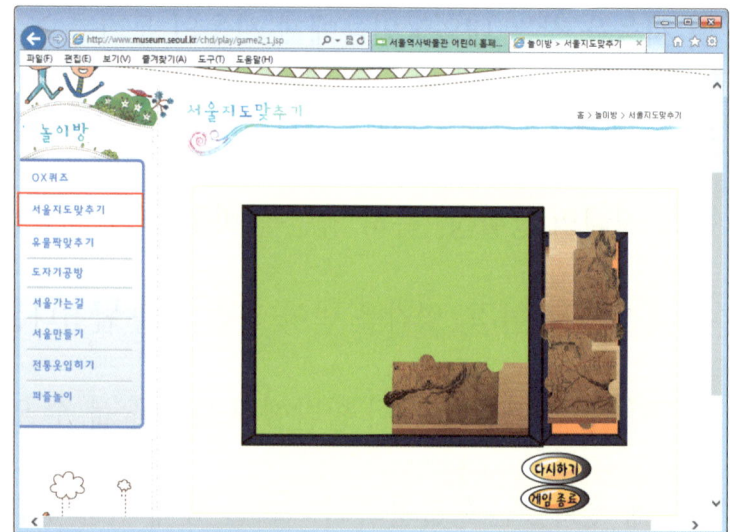

③ 퍼즐조각을 이용해 '도성대지도'를 완성하면 그림과 같이 '도성대지도'에 대하여 더 자세히 알 수 있는 창이 나타나요.

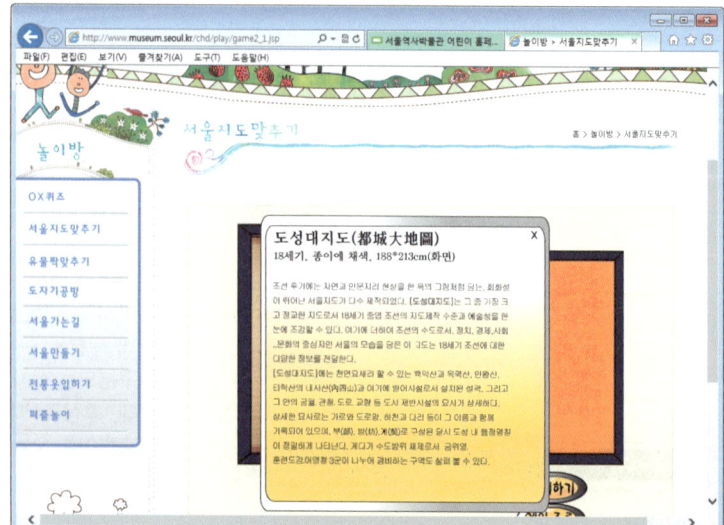

3 서울 만들기

서울의 수많은 이야기를 간직한 서울역사 현장을 찾아요.

① 서울에 있는 사적지 '아이콘'을 드래그한 후 서울지도에 올려요.

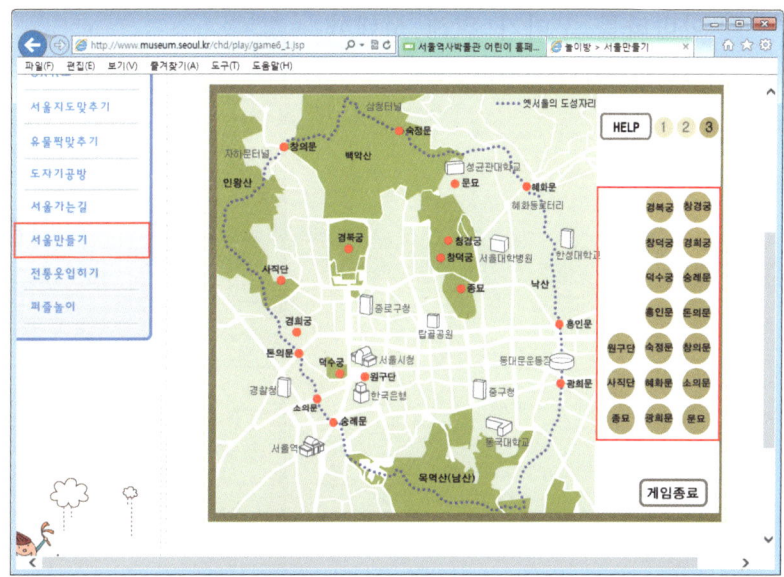

② '아이콘'을 올바른 위치에 놓으면 선택한 아이콘의 사적지에 대해 자세히 알 수 있어요.

4 전통 옷 입히기

옛날 사람들은 어떤 옷을 입었을지 궁금해요. '전통 옷 입히기'를 통해 '아이옷', '남자옷', '여자옷'에 대해 학습해요.

① 아바타를 꾸미기 위해 선택한 '옷'과 '갓'을 드래그해요.

② 그림과 같이 다양한 의상을 이용해 아바타를 꾸며요.

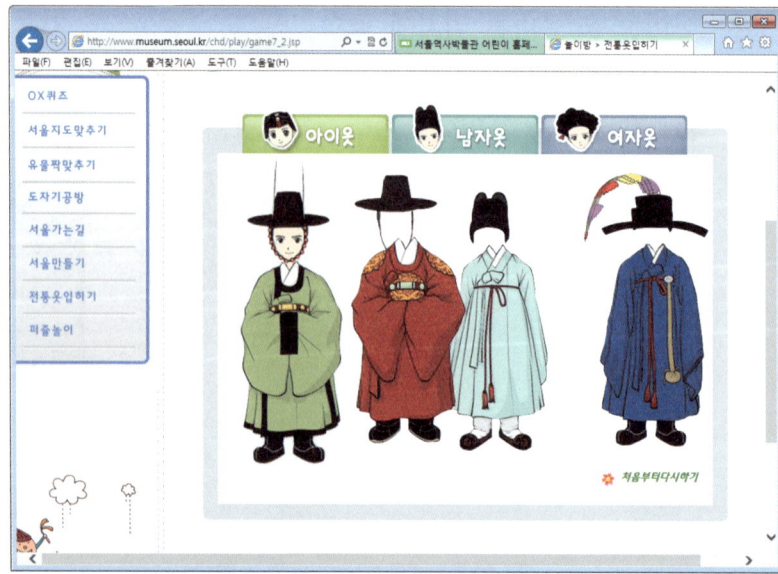

① 서울역사박물관에서 소장하고 있는 유물들이 카드 뒷면에 숨겨져 있어요. 맞는 짝을 고르면 유물에 대한 설명을 볼 수 있어요.

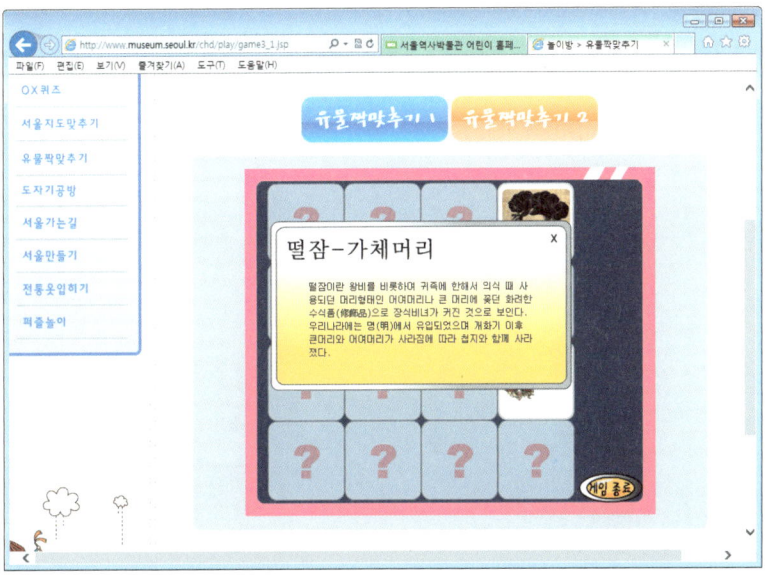

② 모양과 문양을 직접 선택하고 꾸며 여러 모양의 아름다운 도자기를 만들어요.

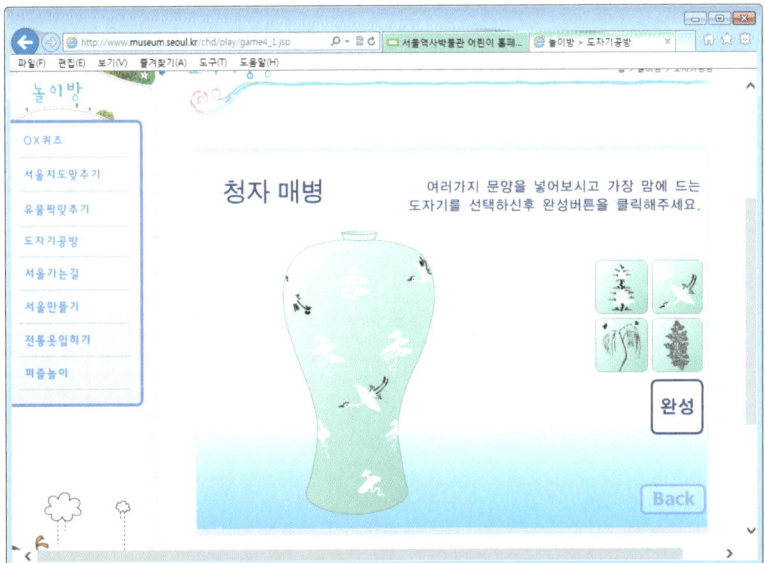